守艺旌德

方光华 姚小俊 著

政协旌德县委员会 编

学苑出版社

图书在版编目（CIP）数据

守艺旌德 / 方光华, 姚小俊著. —— 北京：学苑出版社，2024.7

ISBN 978-7-5077-6970-8

Ⅰ.①守… Ⅱ.①方… ②姚… Ⅲ.①地方文化—介绍—旌德县 Ⅳ.①G127.544

中国国家版本馆CIP数据核字（2024）第099305号

责任编辑：陈　佳
出版发行：学苑出版社
社　　址：北京市丰台区南方庄2号院1号楼
邮政编码：100079
网　　址：www.book001.com
电子邮箱：xueyuanpress@163.com
经销电话：010-67601101（营销部）　010-67603091（总编室）
印 刷 厂：鸿博昊天科技有限公司
开本尺寸：889 mm × 1194 mm　1/16
印　　张：17
字　　数：174千字
版　　次：2024年7月第1版
印　　次：2024年7月第1次印刷
定　　价：108.00元

《守艺旌德》编辑委员会

主　　任　张　蕾

副 主 任　程观武　高冬祥　洪巧军
　　　　　李高峰　查日升　倪彩文

委　　员　方光华　唐立新　程国华
　　　　　梅振顺

序

　　旌德是典型的皖南山区县，素有"六分山，一分田，三分水面和庄园"之称。"旌邑崇山峻岭，舟楫阻艰，其民力勤稼穑，或杂习工艺，以赡不给"（万历《宁国府志》）。"于是百工技艺之人，商贩行游之徒，皆衣食于外郡，逐利于绝徽，亦其势使然也"（万历《旌德县志》）。过去，手艺人多是地理使然。用今天的话来说，农村第二产业收入对于旌德老百姓显得不可或缺。

　　与其他江南地区相似，旌德民间手工艺比较发达，不用说最具特色的古建筑营造技艺、精湛的木石砖三雕，其他如元代王祯《农书》中所绘农事工具的制作；作为中国木活字印刷发源地的旌德，自《大德旌德县志》木活字印刷之后，旌德的"剞劂匠"们明清时期更是驰骋苏扬。旌德唐代就有"麻城乡"之称，围绕苎麻种植、加工的技艺自然别具特色，闻名远近。"卖田、卖地、不卖手艺"这句古老的旌德谚语，充分说明了手工艺在百姓日常经济生活中的重要地位。比如，旌北三溪镇以水竹编织为家庭主要副业；旌东蓬川村以扎扫帚为家庭主要收入来源；乌岭沟人以茶叶和烧木炭为主业……

近半个世纪以来，随着工业化程度的加深，廉价工业制品的普及，很多民间手工艺开始慢慢消失。比如化纤产品替代了棕绳、麻绳、蓑衣，棕匠开始消失；水泥浇铸楼房的普及，造屋的大木、打家具的小木已经少而又少；机榨油的方便，使得木榨油成为绝响；水泥晒场的出现，取代了竹制晒帘，传统篾匠成为稀有；小型农业机械的推广，春耕时节铁匠铺不再门庭若市；开篇于旌德的木活字印刷，或仅作为一种研学表演而存在……

旌德手艺伴时代而新，凫阳米食的丰富，旌德大饼的厚馅香脆，均是因了"徽州粮仓"的富硕；"天山真香"的清醇，灵芝盆景的多姿，"香巴郎"锅巴的芳香，纯属新三百六十行；宣砚雕刻的精工、古法油烟墨的传奇，更是老手艺的发扬光大……

旌德县政协持续关注全县非遗文化，组织文史工作者和文史爱好者开展田野调查，历时经年，寻访那些散布于民间的日常手艺，既是在寻找旌德的文化记忆，也是在寻找我们的文化乡愁，更是在寻找可以根植传统创新的未来。这样的寻访调查十分有意义，一是对寻访到的手工艺做了档案式的搜集整理，忠实地记录下了每门手艺的工序和用途；二是通过调研手艺人的工作了解了他们的精神世界以及部分经济社会状况；三是向手艺人学习，发现手艺的传承与创新及其文化活力，以期得到方方面面的关注和支持，让手艺以及手艺所承载的文化因子传承下去、光大开来。

习近平总书记在文化传承发展座谈会上强调："要坚持守正创新，以守正创新的正气和锐气，赓续历史文脉、谱写当代华章。"传统工艺是我国非物质文化遗产的重要组成部分。近年来，一批手艺人、设计师、艺术家等带动旌德农民结合实际开展民间手工艺创作生产，将"指尖技艺"转化为"指尖经济"，实现传统工艺振兴与乡村文化振兴同频共振，活态传承与创新发展交织共生。

手艺，是旌德如鲜花绽放般的传统文化，蕴含着无限诗意，更守护着这一方水土的过去、现在与未来。

张蕾

2024年1月29日

目录

手作风味

糍粑 / 003

咸条 / 009

信盒粿 / 013

鲜豆腐 / 018

油豆腐 / 023

清明粿 / 030

安苗馃 / 034

"乡巴郎"绿茶锅巴 / 039

旌德大饼 / 045

玉枣 / 050

天山真香 / 057

乌岭茶 / 063

红薯粉丝 / 067

野生葛粉 / 074

腌火腿 / 078

腌小蒜 / 084

竹笋加工 / 089

酿果酒 / 093

指间匠心

编草鞋 / 101

扎扫帚 / 107

打铁 / 111

做秤 / 118

弹棉花 / 124

做布鞋 / 130

三溪竹篮 / 135

竹编 / 140

木雕 / 145

做火桶 / 152

文 心 雕 龙

木活字印刷 / *161*

宣砚雕刻 / *165*

砚铭雕刻 / *171*

古法制墨 / *176*

古艺印泥 / *185*

旌德漆画 / *192*

书画装裱 / *199*

刻字 / *205*

剪纸 / *209*

农 耕 雅 韵

种稻 / *217*

剥麻 / *222*

养蜂 / *227*

木炭烧制 / *231*

有机白茶种植 / *236*

灵芝盆景 / *242*

打棍求雨 / *248*

锣鼓队 / *253*

后记 / *259*

守艺旌德 >>

手作风味

糍粑

进入深冬后，凫阳村的村民们就开始准备过年的美食了。天空飘着绵绵冬雨，让这座被群山环绕的村庄变得格外寒冷，村民们拿着烤火神器——火熜，到邻里间相互串门。上汪村民组的邓红根家里此时特别热闹，兄弟姐妹10人，今天到家的就有5人，气氛好比过年。

早上六点半，邓红根睡在床上就听到了外面的滴答雨声，猜想哥哥和姐夫今天应该不会外出，缸里的糯米已经浸泡了7天，制作糍粑的时间正正好。于是他急忙起床，约哥哥和姐姐来家里一起制作糍粑。

七点半，哥哥、姐姐都来了，此时的邓红根已经把制作糍粑的糯米淘好，锅里的水已烧开，木质蒸笼早就刷洗干净。大伙分工，嫂子负责蒸米，兄弟仨加姐夫们负责揉捣，姐姐负责制团。

制作糍粑的材料只有糯米一样，以圆粒糯米为最佳，它黏性强，口感好。因糯米只有350公斤左右的亩产，村民们种植得已经越来越少，但年糕、糍粑等许多美食的制作都需要这种食材。因此，糯米显得格外珍贵。

邓红根今年47岁，在家排行老九，制作糍粑这门手艺是从父辈手上传下来的。回想起孩童时，制作糍粑的点滴，邓红根一脸兴奋。印象最深的就是每年制作糍粑时，兄弟姐妹们围着大人打转，看着成型的糯米团，直咽口水。

选好食材后，把糯米浸泡在清水中大约一周左右的时间，然后淘米，再将糯米放入木质蒸笼，大火蒸熟。一般一笼可以蒸15公斤。

蒸米前，要用竹棍将蒸笼里的米穿一些气眼，这样可以加速蒸米的速度。

第一轮米蒸熟大约需40分钟，之后每轮大约半个小时。周边的村民闻到了蒸米的香味，纷纷拿着火燃来添火、串门、帮忙。

米蒸熟之后，邓红根一把拎起了蒸笼，将蒸熟的糯米倒入缸内，开始了下一道工序——揉捣。

揉捣是项体力活，一般需3个力气较大且熟悉揉捣方法的男人为佳。对邓红根来说，能胜任此项工作的非他们兄弟莫属。邓红根从20岁开始，家里每年糍粑制作都是他们兄弟几人完成的。

兄弟仨脚抵着缸，用3根棒子不停地揉捣缸里的糯米，糯米太黏，捣着费劲，姐夫们在旁边等待替换，来串门的村民也帮忙固定缸，最大可能地减少揉捣人的体力消耗。

△ 蒸米

△ 揉捣

糍粑 · 005

△ 制作完成的圆糍粑

经过不停地翻滚捶打，糯米全变成了面团，没有米粒而且很黏，揉捣就算完成了。

缸里的糯米温度大约在60℃以上，邓红根用自己粗糙的手，熟练地把糯米揉成拳头大小的糍粑团。

这时姐姐已经支起了一张大门板，撒好了米粉。

通过拍打，姐姐将糍粑团制成了圆形，按老习惯还在中间点了一个红点，代表喜庆。

好客的邓家人在第一笼糍粑制作完成后，热情地邀请村民们品尝。

欢声笑语中，年味离凫阳人越来越近了。

邓红根今年制作了30斤糍粑，按他的手法，半斤一个，大约有60个，这个数字相比他家以前的大家庭而言，已经很少了。从小，他家人口多，烧饭就是一项"大工程"，制作糍粑，可以方便吃饭问题的解决。

糍粑储存在冷水中，可以保存到春暖花开时。因此，邓红根家每年制作糍粑的数量在村里都是数一数二的。

忙农活时，邓红根一家都是拿糍粑当饭。可以油煎后，在糍粑上撒白糖食用；也可以用糍粑搭配青菜煮熟食用；还可以用火烤黄了食用，既方便又管饱。

制作糍粑，对于邓红根而言，就是在找寻童年的时光，重新感受大家庭的烟火味。机械加工食品风行的当下，邓红根一家依然选择在自己的屋檐下，一年一年的，用力气唤醒记忆。他说，这是一种亲情的延续，自己不能丢！

此刻，外面还在继续飘雨，邓红根的手却因60℃以上的高温，持续温暖……

文/姚小俊　摄影/姚小俊

咸条

早就听说旌阳镇新桥有家手工食品加工厂,生产手工月饼、糖枣、咸条、芝麻糖、花生糖、顶市酥等。进入冬月,我们相约咸条加工时去采访一下。

一个周末的上午,我们驱车前往新桥社区,找到处在小巷里的孙鑫平家。他家的食品厂,我们非常乐意称它为手工作坊。因为这样说不仅贴切,还有手工情感在里面。食品作坊设在一间类似于厨房的空间里,但不同于一般的家庭厨房,它是专为食品加工量身定做的。西头是一个用尺厚的木板做的2米宽、4米长齐腰高的大案板,那个案板露在外面的木板看上去包浆满满,想必很有年头了。相隔一米还有一个稍薄点的案板,东头是一个老式家常柴灶,整个作坊整洁有序。

我们到的时候,作坊内正忙得热火朝天。孙鑫平正在用两根一米多长的擀面杖擀面,他妻子在灶台一口热油锅前拿着大笊篱炸咸条,另一个妇女忙着将中间案板上的面皮切成条。作坊中间的几个

竹篓里放着刚炸好的咸条,我们在门外闻到的香脆味就源自这里,进到屋里人就掉进了香脆的空气里。跟主人打过招呼,我们的手就不由自主地伸向竹篓里刚炸出的黄脆脆的咸条,拿一两条放进嘴里一咀,那种酥脆面香顷刻间盈满口腔。那是一种久违的香味,是尘封在岁月深处的味道。说它是年的味道、儿时的味道、乡村的味道,都恰当,就看你有着怎样的阅历。总之,尝到这一口,我们心都要融化一般,似乎时间又把自己拉回到了童年。

孙鑫平边擀面边和我们聊有关咸条的话题。20世纪80年代他在县食品厂当学徒时,从车间主任师傅那里学会了各种食品的加工手艺。对食品加工的热爱就源于那个年代,以后在村里任职没有多少时间从事老手艺,直到从社区领导岗位上退下来后才重新回到了案板前,和面粉打起了交道。他家的手工加工食品,根据季节有不同的品种,大致有30多种,在旌德周边口碑一直很好,是几家超市的

◁ 擀皮　◁ 切条　△ 油炸

抢手货。

具体到咸条加工，孙鑫平说擀皮和油炸是关键。咸条用料主要是面粉、植物油、米粉、盐、麦芽糖、干酵母、芝麻等。先是揉面，一次七八斤面粉，放到机器里揉个粗坯，而后将面团放在案板上发酵1到2小时，上面覆上保鲜膜。发酵好的面团需要用擀面杖在案板上擀，每擀一次都要在案板上撒少许米粉，以防止面皮粘板粘杖，从左到右，从右到左，卷起摊开，再卷起再摊开，做头十个来回，一团面就在他的手上擀成了1厘米厚左右的面皮，擀好的面皮最后卷在一根擀面杖上。孙鑫平把那根擀面杖稳稳地放在中间案板上，用一把锋利的菜刀从杖头麻利地划到杖尾，一沓沓面皮像翻书页一样极其温驯地躺好在案板上，等待着女工熟练的手将它们切成细条。

成形的咸条由孙鑫平妻子油炸。她介绍说：炸咸条用的全是品牌花生油，一口大锅一次得倒进头十桶油，花生油炸出的咸条，不

咸条 · 011

△ 咸条成品

仅香脆，而且颜色黄灿灿的。七八斤面粉的一团面，炸出的咸条大概是十来斤。

孙鑫平说自家的食品均是手工制作，忙的时候，除了自己夫妻俩干，还得请邻里帮忙，每一个农历节日，都是家里最忙的时候。

谈到手艺传承，孙鑫平笑笑说，儿子儿媳都不干这一行了，自己一直是冲着兴趣在做这件事。

告别孙家，走出小巷很远了，咸条的香味还在身后久久飘散不去。

文 / 方光华　摄影 / 姚小俊

信盒粿

小寒以后，虽然温度很低，但山城旌德的天气却一直晴好，凫阳村里一派闲适，村民们大多推迟了起床时间。

今天，56岁的李四清却没有躲在被窝里，早上七点钟就来到俞村镇的加工作坊，等待把大米碾成粉。今天他的任务很重，要和村民汪建芳一起把20多公斤米粉制作成信盒粿。

5里路之外的凫阳村村民汪建芳家，汪建芳正在打电话给几个要好的村民，让她们过半个小时来她家帮忙。汪建芳今年50岁，儿子、儿媳都在北京工作，她给孩子们打去电话，告诉他们，今天家里制作信盒粿，等会拍视频给他们，让他们看看新鲜。

大约40分钟后，李四清用自己的电动三轮车把米粉送到了汪建芳家，汪建芳开始烧锅了。制作信盒粿的食材是粳米和糯米，按照8∶2的比例配比，也可以按杂交米和糯米7∶3搭配。东北产的粳米口感太软，很多村民选择自家种的杂交米。

不论是哪两种米，按比例搭配好后，直接搅和在一起，用清水

△ 和粉

▽ 上模

浸泡7—8天后，就可碾粉制作了。汪建芳有十多年没有做信盒粿了，但从小跟妈妈学的手艺却一点没有荒废。

信盒粿的制作流程多，在过去的十几年里，凫阳村在准备过年美食时，已经很少有人会想起它。近两年，制作信盒粿又开始在村子里流行起来。很多村民都觉得前些年图省事，买的过年食品太粗糙，还是自己做的食物口味好。

锅里的水开始有些热了，汪建芳舀了一瓢米粉倒进锅里，然后用筷子不停地搅拌，为的是让米粉不能在锅里结成团，在米粉搅拌均匀后，她开始舀第二瓢米粉，重复着刚才的动作……

一直到米粉被烫熟变成糊状，再把粉团拧出锅，加入一些干米粉，和成均匀的粉团。

信盒粿可以做白面的，也可加入艾草，做成青色的。艾草是清明时节就准备好的，经过碾压后去掉水分，揉成团放在冰箱里冷冻，用的时候取出来解冻，在锅里搅拌米粉时添加进去。村民们制作信盒粿时，总会做一些白色的，一些青色的，这样信盒粿除了米粉香，还多了艾草特有的香味。

闻到香味，村民们知道要开始忙了，于是抱着小孩来看热闹，小朋友从没见过这阵势，目不转睛地盯着大人，充满好奇。

粉团加工好后，将团搓成长条，掰成一块块，揉成圆球，在制作信盒粿的模具里先撒上干米粉，再把小圆球放入模具中央，轻轻地按压，至粉团填满模具，将模具反扣，粉团脱模。

接着将粿坯放入蒸笼，大火蒸25分钟左右就可出笼，信盒粿制

△ 脱模成形

作就全部完成了。

　　模具有大小之分，小模具是专门为小朋友们准备的。图案有牡丹花、"囍"字等四五种样式，代表着喜庆、吉祥！

　　汪建芳在准备制作信盒粿的前半个月，就开始到村里挨家挨户地询问，谁家有制作信盒粿的老模具，虽然现在市场上也能买到新的，但她还是愿意用老物件，或许这也是一种情怀吧。

　　信盒粿的食用方法和糍粑很相似，可以和蔬菜搭配煮熟食用，但最绝的还是切成片，放在肉锅里和肉一起食用，肉的味道和粿的味道，相互融合，生成了另一种美味。

　　对汪建芳而言，时隔十几年再做信盒粿，有一个最重要的原因，2017年10月，儿子结婚了，儿媳是江西人，今年第一次来婆家过年。她总想着给他们做点好吃的，在和儿子、儿媳沟通后，决定制

△ 在蒸熟的信盒粿上点红

作儿媳从没见过的信盒粿，算是给儿媳的新年礼物。

　　李四清是第一次做信盒粿。这些年，从小一起长大的朋友都去城里务工了，因为身体原因，他一直在家务农，朋友们每次过年回来都会给他带些礼物，他一直心存感激。这次制作信盒粿，准备给朋友们每人都送一些。对于李四清和他那些常年在外的朋友们来说，这是正宗的家乡味道，也是他们童年记忆里共同的年味。

　　夜深了，年味在一个个老模具、一阵阵米粉香、一张张邻里相聚忙碌的笑脸中弥漫，向凫阳这个宁静村庄里的每一个角落一点一点地渗透⋯⋯

文 / 姚小俊　摄影 / 姚小俊

鲜豆腐

腊月头上，我们到孙村镇石井村方荣和家采访关于玉枣的种植，正赶上那天他家和邻居李桂兰家一同做豆腐。

我们到的时候，他已经开始煮浆了。

腊月里天气寒冷，须头天晚上将黄豆用冷水浸泡，第二天早上就可以磨浆了。

方荣和家做豆腐的黄豆，是自家地里和田埂上种的，一粒粒灿黄饱满。

过去，做豆腐用石磨磨豆膏，豆子带水一起磨，十分费劲，做一锅豆腐要磨小半天，现在改为机器磨就快多了。磨好的豆浆膏，需装在豆腐袋（纱布缝制）中，加热水榨浆，挤榨豆浆时不能将豆渣掉进豆浆里。榨出的生浆放入锅中煮沸，煮的过程不要盖锅盖，边煮边撇去上面的浮沫。煮浆过程中会结一层豆腐油，用竹棍轻轻一挑，晾干就是豆腐皮了，那是豆腐的精华。农家做豆腐没有这个环节，自己家吃讲究的就是原原本本的口味。

△ 煮浆

▷ 点浆

▽ 破脑

豆浆一烧开，主人就让我们品尝，那是一种久违的原味豆浆。

煮开的豆浆必须用熟石膏或卤水点浆，才能凝结。石膏须事先放进炉火中焙烧，以烧过心为好。烧好的熟石膏碾成细粉，加水和匀就可以点浆了。

方荣和家用来点浆的木桶看起来有点大，是一只上了年岁的大木桶，桶沿上都生包浆了。这一次，方荣和家泡了10公斤黄豆，煮好的豆浆也是一大锅。李桂兰将烧沸的豆浆全部舀进木桶后，用一个兰青花瓷碗调好石膏粉，慢慢倒进豆浆中，边倒边搅拌，眼见着桶内的豆花慢慢地凝结起来。很快豆腐的香味，就散发在这个老旧厨房的空气中。李桂兰拿过两个碗，舀了豆腐脑让我们自己加酱油、盐或糖品尝，味道确实鲜美。

豆腐脑在木桶中静置20分钟，就可以上框了。老方家的豆腐框有一个上面写着"方八八年"的字样，距今30多年了，还有两个颜色上看上去更老一些。李桂兰把事先洗干净的纱布铺在木框中，而后将桶中的豆腐脑逐一舀进木框中，舀满之后用手拉着布边逐渐收紧，挤掉一些水分，如此反复几次，就可以盖上木板定形了。那一桶豆腐脑被分装进了3个豆腐框。定形之后，用两根干净的木条分架在木框上，而后加上另一个豆腐框，一层层叠加，最上面的豆腐框上再压上两块十来斤重的石头。

这些工作做完之后，方荣和叫大家上桌吃中饭。

一个多小时以后，方荣和儿子方志强逐一取下框子，轻轻揭开纱布，晶莹的豆腐就出现在我们面前。方志强拿着一柄豆腐刀先是

△ 上框

△ 压制成形

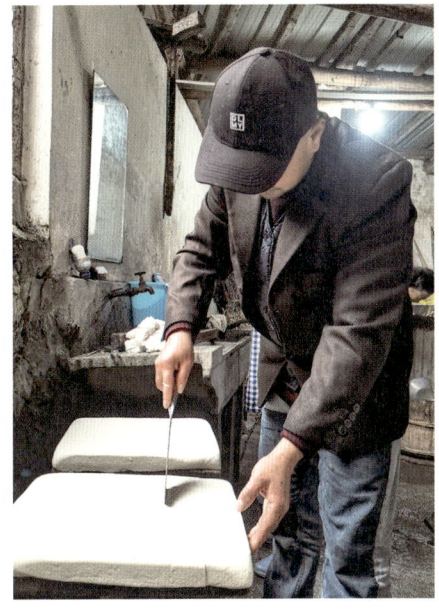

△ 打豆腐

鲜豆腐 · 021

横着划，而后竖着划，一块块豆腐就分开了。

这样的豆腐就可以进厨房当菜品了。当然，利用白豆腐还可加工豆腐干、豆腐角、毛豆腐、豆腐乳等，只不过各有各的加工模式。

腊月里，农家往往用山泉水养豆腐，过两天换一次水，可以吃很长一段时间。

文 / 方光华　摄影 / 姚小俊

油豆腐

寒来暑往，秋收冬藏。立冬后，温度每下降1℃，离真正的冬天就又近了一步。收获后的人们总是会利用冬季来好好犒劳自己，制作美食，围炉煮茶，谈天说地。

从满足个人味蕾到让更多人品尝到美食，今年46岁的云乐镇刘村村民徐国芳不经意间用20年光阴完成了这一"使命"。

空旷的梓山河边，一座200多平方米的豆腐加工厂房安静地陪着流水，细数岁月悠长。凌晨4点，厂房内就灯火通明，徐国芳和工人们已经开始一天的劳作，先把头天晚上用山井水浸泡的黄豆清洗几遍。泡黄豆是油豆腐制作的头道工序。正常气温下，黄豆用清水浸泡6到8个小时即可，冬天温度比较低，需浸泡10至12个小时。

清洗过滤后的黄豆已经没有任何杂质，可以磨浆了。磨豆浆这道工序，徐国芳家现在是通过机械完成的。以前，磨豆浆都是用石磨，既费人力又费时间，腊月里做油豆腐往往要熬通宵。采用机械

△ 上箱

磨浆后，一天可以加工500公斤黄豆，相比以前一天最大量50多公斤，增长了9倍。

徐国芳26岁嫁到刘村夏家，夏家一直开着小作坊，制作豆腐、油豆腐卖钱。她公公制作的豆腐，特别是油豆腐品质好，她家的生意十分红火。随着油豆腐名气的增大，徐国芳公公的年纪也在增大，体力有所下降。加上丈夫在村里任职，帮不了家里多少忙，要想把油豆腐生意做大，得另辟蹊径。于是，他们去了豆腐发源地淮南八公山，那里的制作工艺和徐国芳家有区别，厂家买的磨浆机也不能照搬来用。2014年，徐国芳和丈夫前往上海，找到制造磨浆机厂家，提出按自己的要求定制磨浆机。厂家听了，一口回绝。对企业来说，要求太过烦琐，和以往制造的机器不一样。后来，厂家看见徐国芳夫妇态度诚恳，经过多次沟通，最终答应为他们特制一台磨浆机。

磨浆机到家后，徐国芳公公对机械很排斥，觉得机器磨浆肯定磨不出以前那个味。徐国芳和丈夫对新机械心里没有底，两个人在厂房里一遍遍地实验，记下每次的参数，经过4个月的摸索，最终掌握了用磨浆机磨出石磨豆腐的方法。

徐国芳告诉我们，2016年"皖南川藏线"开始红火，云乐镇是这条旅游线路的南入口，他们家的油豆腐生意也跟着红火起来。徐国芳家现在每天要做150公斤黄豆，腊月每天要做三四百公斤黄豆。光靠收购本地黄豆早已不够，他们通常会从湖北和安徽北部的一些县购买黄豆，要说豆品，数湖北最好。各个地方产的黄豆品性存在

△ 油炸豆腐

差异，磨浆是有细微区别的。每次新豆到了，他们都会先试着做个一二十公斤，这样一批豆子的配比参数就出来了。

磨浆之后是煮浆，通过加热棒直接在煮浆桶内完成。一般一次煮浆150公斤，煮12~15分钟，温度达到100℃后，让它自然降温，降到70℃左右开始添加一定比例的冷浆，接下来就可以用熟石膏水点浆了。点浆十分关键，对豆腐品质、出品率的影响是所有工序中最重要的。点得太嫩，产品发软或不成形；点得太老，则产品发板发硬，保水性差，出品率低。

点浆后形成的豆腐脑，需要静置一段时间，这个过程叫"蹲脑"，也叫"养脑"，让凝固剂与蛋白质进行充分反应，一般需15分钟。

徐国芳告诉我们,"蹲脑"结束后是"破脑",排出一部分黄浆水。破脑之后就可以上箱了,上箱就是将豆腐脑舀入一个个豆腐箱内,然后将豆腐用纱布包好加盖压制。经过压制后,白豆腐就做好了。

豆腐做好后,开始烧锅。烧锅用的都是大块的硬质木材,铁锅烧热后开始往锅里倒油,油要倒到离锅沿六七厘米的位置。一口大铁锅,一次性用油30公斤左右。她们家油炸豆腐一般用两种油:菜籽油和葵花籽油。徐国芳解释说,加少量葵花籽油是为了保证油豆腐包呈金黄色。当油温达到120℃~130℃时,徐国芳开始将切好的豆腐方块慢慢推入油锅中,豆腐刚入锅因为有水分,瞬间就沸腾起来。大概炸12~15分钟,锅里油炸的声音渐渐平息了,表明豆腐中的水分没有了,油豆腐已经定型,可以出锅了。

油炸时,要把握好火候。火小了,豆腐不能充分膨胀;火大了,容易把豆腐炸焦。徐国芳说这些都是通过日积月累掌握的经验把控的。小小的油豆腐,工序不少,手工的微妙之处也不少。旌德县城和宁国方塘都曾经有人到徐国芳家来学习,尽管他们倾囊相授,但学的人回去后就是做不出她家油豆腐的味道,也许这就是天时、地利、人和的原因吧。

油豆腐炸好后,颜色嫩黄,放置2~3小时后会变色,变成我们平日里看见的那种黄褐色。

多年来,远近的人都说云乐的油豆腐好吃,随着时间的推移,老一辈纷纷退出了制作舞台,年轻人大部分都外出务工了,这个只

△ 油炸豆腐成品出锅

有六七千人的小镇，常住人口仅两三千人。现在只要提到云乐油豆腐，就是徐国芳家的。因"云乐"这二字的所有食品商标，都被当地一家公司注册了，徐国芳家只好给油豆腐注册了"云游之乐"这个商标。目前，徐国芳家除了在皖南川藏线公路旁江家边那个老店销售产品外，还给县城菜市场、超市、皖南川藏线上方塘的店铺、饭店供货，近年也开始了网上销售。

徐国芳家现在一年要生产7个月的油豆腐，从每年8月到第二年2月，其余时间就是过节时生产。一年大概需要二三万公斤黄豆，按照1公斤黄豆做3.4公斤豆腐计算，一年大概能产4万公斤油豆腐，现在的市场价是16元一公斤，对于她家来说，是一笔不小的收入。说起这些，徐国芳一脸幸福，小小油豆腐，却是她大大的事业。

油豆腐炸好后，徐国芳又向我们推荐了她家的豆腐乳，这个产

△ 称重简易包装

品是最近几年才推出的。她把炸好的油豆腐撕开一个口子，里面夹些豆腐乳给我们品尝，一个字：鲜。目前她家的豆腐乳卖得也很好，她说接下来准备把油豆腐和豆腐乳包装成礼盒，这样她的产品除了味美，也上档次了。徐国芳想让更多的人品尝到自己的手艺，也让更多人记得云乐这个偏远小镇，有一样美食值得留恋。

寒冬里，热气腾腾的各种锅仔，里面少不了一种美食，那就是油豆腐，经过和汤汁交融过的油豆腐，咬一口，汤汁直流，香气四溢。

季节总是给人特殊的记忆，冬天的记忆里有一个篇章是属于油豆腐的。它用自己特有的味道，让人记住乡愁，记住冬天的温暖。

文/姚小俊　摄影/姚小俊

清明粿

又是一年春来到，凫阳村已穿上了绿衣裳，油菜花香和艾草香随处飘扬。阿婆们在田间地头采艾，大家有说有笑，准备着制作清明粿里最具特色的原料。

今年72岁的村民汪九龙早在一周前就把艾草煮熟，放入冰箱。昨晚已经和邻居们约好，今天都来帮她制作清明粿。早上七点半钟，帮忙的村民陆续都来了，有人烧锅灶，有人拿柴火，有人搬桌子。有人把艾和米粉慢慢倒入锅里，边倒边用筷子顺一个方向搅拌，直至米粉遇热烫成半熟，呈碧绿色，接下来将米粉均匀撒在提前揉好的大米粉团上，用手揉粉团，再根据粉团硬度酌量添加艾水。

汪九龙家今年准备了12.5公斤米粉，准备做5份。家中3个小孩，两个女儿在城里生活，儿子远在广州务工。半个月前，儿子打来电话说村里一块去广州上班的村民清明节要回家扫墓，可以做些清明粿让他们带去广州。往年要是没人回来，汪九龙也是会做粿的，只是不会做这么多。今年既然可以给儿子捎一些，就多做了2.5公斤

△ 包粿

米粉。两个女儿一人一份，儿子一份，家中外村的亲戚一份，自己留一份。

汪九龙准备了4种馅：豆沙、芝麻、豆腐干菜秆子小炒肉和春笋烧腊肉。菜都是提前一天就准备好的。豆沙是将红豆煮熟加白糖，在锅里把水分炒干即可；芝麻需放在石臼舂后加糖；菜秆子是去年冬天制作的，现在吃来正香；春笋是自家门前竹林里挖的。皂阳村资源丰富，林地有1200多亩，大片竹园主要分布在上汪片和乌岭沟片，这个季节到皂阳去挖春笋是个不错的选择。

面和好后，把大面团分成一个个均匀的小面团，先揉圆，再捏成中间厚、边缘薄的窝状，将馅放入，最后收口。根据不同的馅，制作清明粿的形状也有区别，一般分圆形、三角形、月牙形和饺子型。

粿包好后就可以蒸了，把清明粿摆放在垫了湿屉布的蒸笼里，

△ 蒸好的清明粿出锅　▽ 晾粿

相邻之间隔一些空隙，防止粘连。大约蒸20分钟即可。时间蒸短了，不容易熟；蒸长了，粿又容易破。一般第一笼蒸的时间比之后的要多5分钟，因为第一锅把水烧开需要时间。

每次做粿一般都会安排一个专人负责把握时间，也有人专门负责烧锅和摆放清明粿。每道工序都有专人负责，久而久之，形成习惯，每次制作大家都会自觉地找准岗位。

给汪九龙家做粿的阿婆们这段时间很是忙碌。清明节做粿成了这个村亘古不变的规矩，不论家中人多还是人少，到了清明时节，家家户户就会相约一起做粿。今天她们给汪九龙家做完，还要赶往下一家。因为每户都要做，所以基本上会约好一天安排两到三户人家。给她家做粿的邓大姐在这次做粿的队伍里算是年龄最小的，这是她帮忙的第六户人家了，虽然很辛苦，但心情却非常好。每次大家在一起说说笑笑，她觉得这更像是民间自发组织的娱乐活动。

清明粿出笼，升腾的热气中，一阵艾香和粿香扑鼻而来，让人垂涎欲滴。那一抹绿像极了玉器，让人不忍用手触碰。老人们说加过艾的粿可以多吃几个，因为艾的特殊性，这种粿吃多了也不会伤及肠胃。

刚出笼的清明粿是好吃的，用油煎过的清明粿味道也是不错的。中午十二点多，汪九龙家的清明粿已做完，在她家帮忙的团队以粿充饥后又匆忙奔向了另一户村民家……

文／姚小俊　摄影／朱学文　方伟巍

安苗粿

一个地方有一个地方的习俗。农历"六月六",是仕川村传统节日"安苗节"。

安苗节在旌德县,为俞村镇仕川村独有,从唐宋一直沿袭至今。

安苗节纪念的是"古徽州第一伟人——汪华"。隋朝末年,朝廷无道,烽烟四起。唐武德四年(621年)农民起义头领汪华为顾大局、保一方平安,将其所占据的歙、杭、宣等六州上表归唐,受到唐高祖表彰,被封为越国公,后奉命进京受封为忠武将军。

唐贞观二十三年(649年),汪华不幸病故长安。汪华从民到官,为官清正,深得百姓爱戴,受到唐太宗及历代皇帝追封,被赞誉"生为忠臣,死为明神",六州各地均立庙祭祀,尊其为"汪公菩萨""汪公大帝"或"花朝老爷"。

因汪华出生在绩溪县登源河畔汪村,经皇上诏准在汪村建了比其他地方更加雄伟的忠烈庙并塑像予以纪念。

绩溪、歙县一带,每年在汪华诞辰日正月十八或农田稻禾发棵之际或六月初六，各社（村）轮流举行花朝会（安苗节），祈祥免灾，盼望丰收。

村民们用龙椅抬着"汪公菩萨"，挑着锣鼓，背上爆竹，扛着写有"风调雨顺""国泰民安""五谷丰登"的龙凤彩旗，游田街，祭拜汪公，祈求五谷丰收。

农历六月初六新麦已收，除了用猪当祭祀品外，农户更多的是用面粉做各式供品。

仕川村地理上被绩溪村庄包围，成了旌德县的一块"飞地"，许多农事风俗与相邻的绩溪村庄相似。

仕川安苗节既和汪华有关，也有自己的说法。相传，每年芒种时节小麦已收，五谷下种，农忙告一段落。农事稍闲，人们期待着水稻有个好收成。于是，选择农历六月初六天父天母生日举行祭祀活动，请僧侣斋戒，百姓撑旗打鼓，家家户户做包粿，供奉在田间地头，祈求风调雨顺，田禾苗壮，五谷丰登。

仕川村农历六月初六做"安苗粿"，就是沿袭至今的一个传统习俗。

六月六做"安苗粿"，是仕川全村人的节日。既包含着美好期冀，又借此机会拉近了亲朋好友的距离。这一天，嫁出门的女儿不约而同地回娘家帮忙，外地人到村里同样会受到热情款待。

今年70岁的村民俞玉珍和60岁的喻艳秋是当地做安苗粿的行家里手，她们做的安苗粿好看又好吃。如今，生活水平提高了，安苗粿不再是安苗节的专利，农闲时也会几家相约，做一些放到冰箱当小吃。

我们到仕川那天,刚好遇见俞玉珍和喻艳秋做安苗馃。她们在喻艳秋家里和面拌馅,做馃蒸馃。

一进喻艳秋家的小院,我们的眼睛为之一亮,进门右手是几株半人多高的牡丹,既有粉红又有紫红,几十朵牡丹正在盛放期。牡丹边上是进屋的道路,道路右边种了一排十几株兰花,花香四溢,南面墙下还有剪成游龙状的枫树盆景。不管是谁走进这个小院,都会立马心生欢喜。

穿过客厅到厨房,喻艳秋和俞玉珍已经手工擀好面皮,开始包安苗馃了。喻艳秋是仕川人,打小就开始学做安苗馃,算是童子功

△ 擀面、包馃

了。俞玉珍是从俞村嫁到仕川当媳妇的，进了婆家门自然就学会了做安苗馃。她们介绍说，安苗馃的皮最好用手擀，比机器加工的更劲道。做安苗馃不像做米食那么烦琐，馅的食材用时令蔬菜都可以，如老黄瓜、豆腐、笋子、南瓜、腌菜等，黄瓜、冬瓜需要焯下水。所有食材，都不能少了猪肉，没有猪肉，安苗馃就像失掉了灵魂。仕川安苗馃中的水晶包更为独特，用肥肉加白糖当馅，蒸好后晶莹剔透，咬一口满嘴流油。在我们看来，这种包子象征丰收更为形象，用于祭祀天父天母，才显虔诚。

仕川安苗馃不管是馅还是用具，都是就地取材。蒸笼是竹子编的，垫在蒸笼里摆放安苗馃用的东西可以是荷叶、芭蕉叶甚至是芦皮

△ 蒸安苗馃

叶，那些硕大的叶子带着植物的天然清香。现在的蒸笼大多是不锈钢的，因为才过清明，植物的叶子还是嫩芽，垫布只能采用纱布了。

采访时，除了这两位老师傅外，还有一位大妈在帮忙。她们仨分工协作，很快一笼安苗粿就做好上锅蒸了。约莫20分钟，热气腾腾地安苗粿就摆在了我们面前，面白馅鲜，尝到嘴里，滋味纯正。她们说："你们多吃几个，安苗粿是面做的，不像米食难消化。"

仕川安苗节当天，所有人家都以粿当饭，来客也不例外，亲戚走时每人都会带一份回去。没有冰箱的年代，因为农历六月初六已是炎炎夏日，大户人家往往把剩下的安苗粿装在篮子里，然后吊到水井上方保存几天。

仕川村过安苗节有两个时间：农历六月初四和六月初六。传说，仕川一户喻姓人家的女儿嫁到汪姓人家，婆婆对儿媳妇十分厉害，六月六那天，儿媳妇趁着没人，偷吃一个刚出锅的安苗粿，结果有人进厨房，儿媳妇情急之下吞了下去，被活活噎死。自此以后，为纪念那位可怜的喻家女儿，上门、中门和金竹坞三个村民组，就把安苗节改在农历六月初四，以避开那个伤心的日子。

留下的习俗，是人间故事，也是历史痕迹，和刚出锅的安苗粿一样有温度，有内涵。

当安苗节遇上安苗粿，仕川村的烟火味才真实、有趣。

文／姚小俊　摄影／姚小俊

"乡巴郎"绿茶锅巴

旌德县庙首镇祥云村是中国地理标志产品"天山真香"茶的核心产区,这里青山耸翠,古木参天,森林覆盖率达98%。祥云村不仅产茶,近年来一种利用绿茶和大米加工的"乡巴郎"手工锅巴也香飘千里。

旧时,皖南山里人家烧饭都是用柴火铁锅,煮饭时紧贴铁锅的饭粒往往粘满锅底,因为柴火余温的烘烤,结出一层金黄、嘣脆的锅巴。山里人往往把锅巴积攒起来,晒干收藏,留待上山砍柴、采茶、干农活时,带在身边当干粮,或者外出经商时路上充饥。那时的人称锅巴为"靠山"。

旌德的锅巴不仅下里巴人吃,据说乾隆皇帝还尝过。那是因为乾隆皇帝有位叫王登的御前侍卫是旌德人,他把锅巴带进了皇宫,让皇帝尝了回鲜。

皖南事变之后，旌泾太游击队为躲避敌人的围剿，埋伏在大山中，不能生火做饭，老百姓就把大米饭烤成锅巴送到山上给游击队员吃。

如今，锅巴成了休闲食品，简单的，取一片锅巴，刷点辣椒酱下茶。讲究的，炖上一锅鸡鸭汤，而后用滚烫的汤泡上几片锅巴，汤香、锅巴香汇合一起，叫人馋涎欲滴。

阳春三月，油菜花上镜的季节我们来到瑞祥农业发展有限公司，走进洁净的小院，浓浓的锅巴香扑鼻而来。干练的企业法人吕亮给我们一个人发了一个头套和口罩，随后带我们参观锅巴生产现场。

一入车间立刻感觉温度高了好几度，定睛一看车间内两纵一横排列了20口大铁锅，每口铁锅内都烘烤着锅巴，有的铁锅内是锅巴定型，有的是初道烘烤，有的是二道烘烤。六七位工人在大锅边忙碌着。

绿茶锅巴，从名字上看是锅巴里添加了绿茶。

祥云村盛产名茶"天山真香"。茶树生长于海拔600米以上的山坡地，昼夜温差大，生长周期长。优质的生态环境赋予茶叶"香高味浓、汤绿明亮、回甜耐泡、营养丰富"的特点。茶中富含茶多酚、维生素、氨基酸等多种微量元素。

旌德境内水稻土丰富，全钾含量高，铁、锰积淀明显，有利于稻谷蛋白质的形成，加之自然环境优异，所产的"旌德大米"颗粒肥硕，白净如玉，味甘醇糯，营养丰富。煮饭晶莹剔透，松软馨香。

让茶叶和锅巴联姻是吕亮父亲吕小祥的"发明"。吕小祥是祥

△ 锅巴定型

△ 二烘

云鑫祥隆茶叶合作社的领头人，每年5000亩茶园制茶，留下的碎茶不少，倒掉可惜，泡茶渣子又多。2014年春天，上海同济大学几个教授到祥云踏春，吕小祥和教授们谈到了茶叶和粮食结合的话题。其中有位研究生物医学工程的夏春镗副教授，把茶叶和大米结合物带进实验室分析，发现茶多酚、维生素、氨基酸等微量元素均能较好地保留其中。

吕小祥得到夏教授的分析结果，信心满满。将绿茶汁加入"旌德大米"中，通过蒸煮，反复实践烘烤锅巴，终至别具风味。

2016年8月，吕小祥成立了瑞祥农业发展有限公司，开始生产"乡巴郎"绿茶锅巴。

"乡巴郎"绿茶锅巴，以"天山真香"核心产区的绿茶和"徽州粮仓"产的优质"旌德大米"为原料，通过煮茶—选米—淘米—加茶汁—蒸煮—成型—初烘—二烘—包装等工序，完成锅巴生产。具体来说步骤如下：

煮茶，将优质绿茶进行煮制，留汁备用。

选米，选旌德本地产的优质大米，包含籼、粳、糯、杂交等米按一定比例配料。

淘米，将选好的大米用山泉水进行清洗。

加茶汁，将煮制好的绿茶汁按一定比例加入淘洗好的大米中。

蒸煮，按每屉2公斤将淘洗好的大米放进蒸屉中蒸煮30分钟，再焖20分钟。

成型，把蒸熟的饭放进铁锅中用锅铲顺着锅形，将饭粒均匀地

△ 包装

摊在铁锅里,烧烤约30分钟,形成一张完整的锅状锅巴。

初烘,把成型的锅巴放进柴火灶内进行初次烘烤,一般15分钟。

二烘,把初烘后的锅巴利用柴火铁锅进行二次烘烤,大约8分钟。

烘烤的标准是香脆,烘烤的技术全靠经验,这是手工技艺最大的特点。

烘烤好的锅巴需冷却至常温,方可加配料包进行包装。

通过这样一套工序生产出的手工锅巴,既保留了大米的营养成分,又充分融入了茶多酚等微量元素,蛋白质等含量比普通锅巴高15%以上。这种锅巴糖分已氧化,即使是血糖高的人也能放心食用。

来"乡巴郎"锅巴企业务工的二三十位工人,均是祥云当地的农家妇女，日生产量可达500公斤左右。

2022年，旌德"乡巴郎"锅巴生产技艺，获批宣城市非物质文化遗产。其产品在安徽石油、福建高速及宣城、芜湖等地千余家超市广受消费者青睐，还随快递销往了澳大利亚。

2023年，吕亮还开发出一款锅巴粉丝方便食品，一上市就受到年轻人的追捧。

文 / 方光华　摄影 / 汤道云

旌德大饼

大饼是旌德的一张美食名片。

要说旌德县城最不起眼的摊点,可能就数旌德大饼,这与旌德大饼的名声实在是不相匹配。不管怎么说,旌德大饼已是香飘央视的地方风物了。

旌德县城不大,大饼出场的地方一定是烟火味浓郁的地方。旌阳桥头是南门的中心地,那里就有个大饼店,如今店铺门头上打上了曾经上过央视的印记;以前老新华书店横头有个大饼店,那里是解放街核心地;和平大桥东头有家大饼店,那里是老瑞市社区中心;新城东建,旌德大饼的身影虽然在和平新村小区以及县医院、状元府与和顺家园路口出现,但都少了老城区大饼店那份悠闲和自在的味道。而酒店宾馆里的旌德大饼,则一律藏身于"点心"的外衣之下。

无论是老城还是新区,旌德大饼店均内敛低调,小小的铺面,低低的门楣,不事张扬,不动声色,简单到只有一两张褪了色的方

△ 做饼

桌和几只板凳、塑料凳。来吃的人大多是熟客,时间充裕的到店里吃,大多先舀一碗稀饭(粥),往往是自己拿碗到煤炉钢精锅里去舀,舀好稀饭坐等热热的饼子出锅,旌德大饼就稀饭是不少人早餐的绝配。不在店里吃的客人,老板把炕好的大饼用报纸或硬纸板一夹放进塑料袋让客人带走。

最简单的旌德大饼店一般都有两个人,或是夫妻或是母女或是其他角色组合。一人负责做饼,另一人负责在油锅前烧火炕饼、买卖收钱。

所有大饼店装馅儿的搪瓷钵纵横排列,有十好几个,分别是:肉丁、豆角、韭菜、豆腐干、笋衣、腌辣椒、白菜、腌菜、鸡蛋……这些料大都要放到一个饼子里。

位于和平大桥东端的大饼店，是一爿夫妻店，男的叫宋小平，女的叫祝丽丽。宋小平的母亲20世纪80年代就在解放街和和平路十字路口摆摊做饼。宋小平说那时候物资还不丰富，饼子馅儿也没多少花样，炕饼子的油碗（瓶子）下面是水，上面是油，炕饼子时用刷子沾了在铁锅上刷一刷，那时候一个饼子才卖两毛钱。2000年以后，宋小平的母亲就租了现在这个店面，媳妇祝丽丽从鞋厂下岗就开始帮忙做饼子。前两年母亲去世，宋小平就和妻子经营了。他们家做大饼，算到现在已有35年历史。

每天早上四点，夫妇俩就开着三轮车把饼馅儿等备料，从北门家里拉到店里。面是到店里以后才揉发，饼面要有韧劲，方能兜住七八种菜组合的一大坨馅儿。

馅儿是宋小平每天下午在家里切好，有肉丁、萝卜丝、笋丁、豆角、豆腐干、香椿头、韭菜、腌辣椒等。以前备料四季略有不同，现在四季的菜每季都能配齐。

大饼店一般中午打烊，下午四点钟以后再开，祝丽丽在店里一直要忙到五六点，回家以后还得炒第二天的饼馅儿。祝丽丽介绍说，她家做饼子选的是猪前夹肉和腿肉，五花肉太肥不好用。炒豆腐干馅要用猪油，这样炒出来的豆腐干才松软，其余的馅儿用菜油炒。她家炕饼子用的是正宗菜籽油。一次，山东一对教授夫妇到摊上吃大饼，说大饼好吃，菜油正宗，硬是让祝丽丽帮忙买了一桶菜籽油带回去。

祝丽丽边说边操作，很娴熟地把馅料裹进面里，然后捏成一团，

△ 柴火灶炕饼

放在面案上，手掌压一压，用擀面杖滚几个来回，一个白生生的大饼就此"躺平"了。那擀面杖圆鼓鼓的，中间有个洞，一根圆木从洞里穿过，活动自如。

旌德大饼放什么馅儿，客人可以自己选，选几样都可以。料正馅儿足，是旌德大饼好吃的决定性因素。

在皖南小吃中，像旌德大饼这样内里如此饱满丰富的，实属罕见。即便如此，也还有客人会提出加肉加鸡蛋，这样10元一个的饼子，就要收15元了。加肉无非是在通常基础上加量，加鸡蛋则是在大饼炕八成熟时，在大饼中间捣个洞，打好鸡蛋将蛋液倒进去，接着炕熟。满足个性化选择，旌德大饼馅逐渐从单一走向丰富。

旌德人用一个"炕"字来描述大饼的成熟过程，实在是形象妥帖：左边是火，右边上面一点是大饼，中间一横是平底锅，下面的

"几"则是架空的柴。现在许多大饼店为了方便，或用液化气，或用电烤炉了。只有宋小平家坚持用杂木柴。

菜籽油加柴火铁锅，炕出来的饼子格外地道。饼子做好，放进油锅翻炕，待到两面都呈金黄色时，祝丽丽将大饼铲出放在案板上，横竖两刀切成四块，馅不散，看上去馅与馅间层次分明。

宋小平说现在每天能做200多个，有五六十个需真空包装快递。买的人大多是手机上下单，或者直接打电话订购。真空包装的旌德大饼，可以放在冰箱里冷冻，要吃时事先拿出来化冻，然后放在锅里炕，照样香脆。

"按现在人的健康标准，旌德大饼似乎油多了点，但不按这样的工艺去做，那就不是'旌德大饼'了。"

宋小平笑着说。

文/方光华　摄影/姚小俊

玉枣

我们第一次到孙村镇石井村寻访玉枣传人方荣和是在2021年中秋节前两天。

最先认识玉枣是在县志上，20世纪90年代出版的《旌德县志》写到石井玉枣时说："尚存300余棵，年产量5000公斤左右。"乾隆《旌德县志》云："枣有三种，出洪溪、仕坑、石井。"《宁国府志·食货志》将其列为土贡，其解释是"小儿出痘或不灌浆，煮二三枚服之，痘浆立满"。

旌德民间"玉枣"有"双仁枣"之称。大多数人只停留在人云亦云的语态中，"玉枣"究竟长啥样，许多人并不清楚。

那天下午，一进方荣和家门，年过七旬面生红光的

△ 玉枣成品

△ 分批采摘鲜枣

方荣和端出一盘"玉枣"放在八仙桌上,要我们品尝。

这是我们第一次看到玉枣成品。仔细端视,果大、肉厚、皮薄,颜色没有红枣那般红,也没蜜枣那种腻态。色如琥珀,润泽生光。想来"玉枣"之名,名副其实。

伸手拿了一个,细细咀嚼,鲜甜生津。不似蜜枣那样甜得过分,也不像红枣那样嚼后有皮。吃完枣肉,我们转身进了厨房,拿了一把菜刀用刀背在青石门槛上敲开了小小的枣核,确实看到了志书上所说的"双仁",只是那两仁破了点皮,显得不太完整。

回到桌前,我们自然和方荣和聊起了县志上那个有关玉枣的传说。

说是过去有个仙人坐在水井边,井旁长出一棵枣树,结果满枝,因井名"玉井",故叫"玉枣"。

最为传奇的是说,明太祖朱元璋时,一名石井差役将玉枣带进皇宫,进贡给皇帝,备受皇帝赞赏,赐名"御枣",列为贡品。

老方家,连着三年不同季节我们去了五六次。

老方介绍说,他小时候,石井村的枣树田埂上有很多,一百多年的枣树现在还有。20世纪六七十年代,全村枣树还有个二三百亩,许多人家会加工玉枣。后来,因枣疯病的影响,枣树越来越少,缺少管理的枣树很少挂果,以致现在会做枣子的人越来越少。自己家的5亩枣园,最早的一棵种于1978年,大部分种于首轮承包责任田后,是地道的土品种,目前总共200多棵,在村子背后的梯田里。石井村是石灰岩产区,只有那片沙质土山谷长枣树,其他地方都不长。现在石井村有枣子加工玉枣的,只他一家了。

说到枣园管理,老方津津乐道。

每年锄草四五遍,冬季一遍,夏季两三遍,基本上是他和儿子方志强干,他们坚决不用除草剂。枣树肥料不用化肥,主要是牛粪、草木灰和饼肥。枣子采摘完的秋季就可以下肥。枣树需要修剪,冬天落叶后修一遍,修掉弱枝。春天长叶后修两三遍,把多余的枝丫剪去。芒种(6月6日左右)前正值枣子开花,将枣树皮环剥1厘

△ 晾枣

米，促进枣树挂果，一年年下来枣树底部自然留下一圈圈的刀痕。到了小暑（7月7日左右）前，枣子挂果了，还要剪一次，把多余的嫩枣修掉，往后一段时间还不时地上树梳果，以保证留下的枣子有充足的养分。要是春夏季，枣树上长了青苔，他们也会将它们清除干净，这样枣树看着年轻而有精神。这些方法有些是经验，有些是从书本上和电视里学来的。一棵枣树栽下去，通常当年能挂果，但那不能算是收成，真正有收成要六七年后，盛果期要十来年。老方家枣园有果子加工，大概是1987年到1988年的事，近两年鲜枣产量在1500公斤左右。

接着，我们和老方聊起摘枣和加工的事。

俗话说"有枣无枣打一杆"，"打枣"成了收获枣子的专有名词。但对玉枣而言不是"打"而是"摘"，而且是分期分批摘。玉枣采摘不能等到树上枣子全红，而是在枣子红四分之一时开始，第一批枣采摘的时间在处暑（8月23日左右）前四五天。枣子采摘时间大概20天左右，采到白露（9月7日左右）边结束。摘枣子是个辛苦活，要搭梯子到树上按标准一棵一棵地采，用带钩的竹竿子把微红的枣子拉过来，摘好放到背在身上的布袋里，一棵树根据枣子的成熟情况要采好几次。老方家里高低不等的梯子就备了4个，父子俩摘还不算，还得请人帮忙摘。现在生态好了，山上有猴子，真担心猴子以后会来采枣子。不过，现在还没有。

加工枣子的季节，家里非常忙，自己和小儿子志强负责采摘，老伴和儿媳妇在家里负责加工。

玉枣的加工方法，老方说主要是"蒸"和"烘"。

△ 蒸枣

这一"蒸"一"烘"大有讲究，体现的是手艺人的真功夫。

玉枣在"蒸"之前，有一个选枣过程，先把枣子大小分类，同时把不好的剔除。

我们直到2023年8月27日才亲眼见到玉枣加工全过程，这回是方志强夫妇唱主角。

选好的枣子先放在水池里用山泉水浸泡清洗。洗好沥水后的枣子，随后装进铁锅上的枣甑中，枣甑顶上堆出小山样才加盖子盖严。一枣甑放鲜枣约18公斤，铁锅中的水位不能浸到枣甑底层的枣子，否则浸到水的枣子蒸出来颜色会发黑。蒸制时间一般是两小时，一膛炉火熊熊燃烧，过程中要不断添加薪柴。枣甑中的枣子随蒸汽自上往下熟，蒸的过程中要注意观察，既要蒸熟还不能蒸烂。枣子快蒸好时，方志强开始准备烘枣子的火盆，先把木炭放进炉膛里烧，烧红后用火锹锹出放进火盆中，而后盖上炉灰。假如火盆内有冒烟的炭头，一定要取出来，不然烟气会污染枣子。

方志强家老房子堂前和房间在收枣季就是烘房。烘枣的竹笼他家有20来套，每个烘笼下面放两个火盆。蒸熟后的枣子方志强连枣甑带盖从厨房端到堂前，掀掉盖子后迅速倒进准备妥当的烘笼内，快速摊匀盖上，这时屋子里随着蒸汽的瞬间散发充盈着扑鼻的枣香。熟枣子放进烘笼中，先用旺火烘一晚上，而后用文火烘两三天，期间根据火候进行翻炕，通常水分多的往中间挪，干的向四周摊，因为中间的温度比四周高。

每年冬季，方志强都要从媳妇老家祥云村买好上等的橡子树烧

△ 炭火烘枣

制的木炭备在家里，枣子多的时候一年用炭 300 公斤。通过炭火烘制，一粒粒枣子才最终修成玉枣的"琥珀之光"。

铁锅中蒸枣子的水，还能熬制枣膏，算是玉枣的副产品。方志强媳妇说，一般 6 锅蒸枣水汇在一起，才能熬制一瓶浓稠的枣膏，要是用火熜文火熬，差不多要花费一天时间，在锅中熬要快一些，但需要有人照看。过去，枣农用它治小儿痢疾，非常灵验。枣子多的时候，蒸枣水来不及熬制，因为天气热，大多白白浪费了。

鲜枣加工一般是 4 公斤鲜枣出 1 公斤成品，一般年份能加工玉枣 50 多公斤。一等的玉枣 1 公斤能卖 400 元，小的才 200 元。

2022 年枣子丰收，老方家收玉枣近 500 公斤。可枣子多了，就有些滞销了。

文 / 方光华　摄影 / 江建兴

天山真香

4月中旬的一个周末,我们到"茶香小镇"庙首镇的时候,赵福刚从祥云"天山真香"核心区天山回来。眼下,正是采摘旺季,他每天都在天山茶园和镇里的加工厂间来回奔波。

▽ 天山真香茶园

△ 采鲜叶

赵福租种天山茶园生产"天山真香"茶是2001年的事。当时有茶园80亩，以后又发展了80亩。

天山位于庙首镇祥云村东南，距黄山主峰仅8千米，与"太平猴魁"主产地猴坑一山之隔。茶园分布在海拔700多米的深山峡谷中，山高林密，崖谷深邃，溪涧密布，土层深厚，土壤肥沃，兰花杂生其间。晴天云雾缭绕，雨期云海茫茫，茶树受山川秀气滋润，为茶叶生长提供了得天独厚的优越条件。

赵福介绍说，"天山真香"茶为黄山大叶种（安徽一号），原名"天山毛峰"，是县级名茶。1982年在徽州地区名茶评比中，名列前茅。1988年，经安徽农业大学陈椽教授指导制作，大大提高了茶的外形和品质。陈教授还亲笔题名"天山真香"。当年，就评上了安徽省名茶。

说到"天山真香"的手工制作，赵福说主要有7道工序：鲜叶采摘—摊青—杀青—理条—做形—烘焙—拣剔—包装。

在很多宣传片、广告片里，人们所看到的采茶场景是这样的：一群衣袂翩翩的茶仙子，笑颜温婉，纤手采茶，配合着动听的旋律，画面美不胜收。其实，这只是关于采茶的美好想象，在忙碌的生产季节，采茶是一件又苦又累的事。

"天山真香"鲜叶采摘标准为，单芽至一芽二叶初展，芽叶完整，色泽嫩绿、匀净、新鲜。采摘时眼要快，手要轻，不能用指甲掐，要提手采，还要避免伤及芽头。当茶芽有5%左右达到标准即可开采，适时分批采摘。采摘容器选用竹制茶篮，不能紧压，避免日晒雨淋。鲜叶应轻放、轻翻、禁压，以减少机械损伤。采摘后4小时内送厂加工。

△ 杀青

采回来的鲜叶需要摊晾,称之为摊青。就是把鲜叶分摊在竹簸中,放到阴凉通风处,晾干水分。摊放厚度为1千克/平方米左右,摊放时间4~6小时,起减轻茶叶生青气与苦涩味的作用。

做茶的关键环节是杀青,锅温掌握在120℃~140℃(机器炒温度能达到270℃~280℃),每锅投叶量在200克左右。先抛炒1~2分钟,当叶温均匀上升后,操作手法以闷炒为主1分钟左右;当杀青叶烫手时改为抛、闷交替手法,当叶色转至暗绿并散发清香时为杀青适度;杀青时间一般在7分钟左右,失水率控制在30%左右为宜。

杀青之后是理条做形,锅温先高后低,做形前期由于芽叶含水量较高,温度在80℃~90℃,做形后期随着芽叶含水量的逐步降低,

△ 做形

温度降为60℃~70℃为宜。做形时采用"抓、压、甩、带、拢"等手法，把茶胚做成挺直略扁的外形；做形用力掌握"轻—重—轻"的原则，做形时间为15分钟左右，当茶胚炒至七成干时出锅摊凉30分钟左右。

经过做形并摊凉后的茶胚需投放到烘笼上分批进行烘焙，初烘温度掌握在70℃~80℃，摊叶要薄，翻烘要勤，当烘焙至九成干时把茶胚出烘摊放4~5小时，然后再放到温度为50℃左右的烘笼上进行复烘，诱发茶叶香味。不过分追求"文火慢烘"，影响茶叶色泽。

最后还得拣剔掉成形不规则的茶叶以及碎片，然后包装上市。

每一片茶叶都见细微功夫，体现的是茶人对细节的苛刻把握。只有这样，包含日月精华的片片嫩芽，才能在杯盏间枪戟林立，栩栩如生。

除了天山茶园外，赵福在马家溪森林公园内还有60亩"天山真香"茶园。2008年，"天山真香"获中国有机产品认证。茶园全部进行有机管理，5月份茶叶采摘修剪茶树时，割一遍草；6~7月锄一遍，到了8月份还得把茶园深挖一遍。肥料全部选用菜籽饼肥，不用农药和除草剂。

赵福说，自己的220亩"天山真香"茶园，每4公斤鲜茶产1公斤干茶。一年产茶1500公斤。特级真香每公斤售价5960元，均价每公斤1000元，每年的人工管理费用需50万元。

现在农村劳动力越来越紧缺，"天山真香"除手工加工外，也选择了用茶农金时宏发明的制茶机加工。7道工序4个人就行了。这是茶叶生产必须要走的路。

2016年11月，中华人民共和国农业部批准对"旌德天山真香茶"实施农产品地理标志登记保护，茶园总面积1600公顷（24000亩）。2021年，旌德"天山真香"茶被评为"宣城市农特产品十大区域公用品牌"。其系列产品有"天山鹤""鹊岭白""乌岭沟""东山龙王坑""鸦鹊山""寒山七根"等，受到了市场广泛认可和消费者好评。

特级"天山真香"的冲泡，宜选用玻璃杯、瓷杯，用水最好选用矿泉水或山溪水、天落水（下雨天收接的清洁雨水）。冲泡时，每杯放茶叶3克左右（水与茶比例为50∶1），泡茶时的水温掌握在85℃左右，冲泡后置放2~3分钟方可品饮。

赵福给我们泡了一杯"天山真香"，仔细观察别有情趣。茶叶泡于玻璃杯中，起初枝枝茶叶在水中交错起落，吸足水后皆矗立杯底，恰似雨后春笋，栩栩如生。汤色芽影，赏心悦目；杯盖乍启，馨香扑鼻；细品慢啜，六腑芬芳。

文／方光华　摄影／江建兴

乌岭茶

入夜，凫阳村的路灯已亮起，广场上大妈大婶们跳着广场舞，热闹非凡；而距村7.5公里的乌岭沟村民组的村民们却过着完全不一样的生活，路上已经没有一个行人，安静得能听见自己的心跳声。

进山第一间房是55岁村民储发根的，虽然才七点多钟，但他家阁楼上已经熄灯了，他请的8个采茶工在劳作了一天后，都已早早入睡。偏房昏暗的灯下，储发根静坐在几个烘笼中间，闻着笼里的茶香，很是陶醉。他这样守着烘笼已经1个小时了，从下午六点多钟到现在，每隔十多分钟，他就要给烘笼上的茶叶翻拌一次，丝毫不敢马虎，因为这道工序直接关系到茶叶的品质。

和储发根相隔一条河居住的是村民储成龙，这个"80后"小伙只有这段时间才住在山里。乌岭沟是地质灾害点，2007年村民已基本搬出安置，现在常年居住在乌岭沟的只有储发根和他的哥嫂3人。每年3月中旬，储成龙和已经搬出的乌岭沟村民便会一起回到山里，打扫房屋、清理茶园，一直要忙碌到采茶结束。原本乌岭沟村民组有30多户人家，每年只有采茶季，这里才会变得像个小村庄。

储成龙这些年一直在外务工，对乌岭沟有着特殊的感情，从小在这里长大，每天清晨睁开眼能看见的就是大山和门前的一条小河。这里的每一户都住在河两边，每天的生活用水和饮用水都来自门前的这条河，祖祖辈辈都是这样简单的生活。老人们说，这里之所以取名乌岭沟，就是因为从山顶有一条小河将大山分为两半，留下块平地馈赠给村民们居家生活。

乌岭沟有12000多亩山场，900亩茶园。村民们靠山吃山，自古以来，他们的主要经济来源就是茶叶、木炭和林木。这里没有一亩田，茶叶成了村民的支柱产业。很多年前，乌岭沟茶叶就已经声名鹊起，在集市只要是乌岭沟茶叶，很快就被一抢而空。不少人是乌

△ 晾鲜叶

△ 储发根（左）在集市上卖茶

岭沟茶的忠实粉丝，多年来一直都坚持到储发根这样的老茶农手上买茶叶。

乌岭沟茶一直这么红火，和那里的良好植被是分不开的。茶园都在高山的北面，茶叶格外香气扑鼻。其实，村民对如何提高茶品质并不懂，多亏了大自然对他们的偏爱，高山上野花成片，知名不知名的都在无形中入了茶香。因为少管理，茶叶都是自然生长，这里没有污染，连生活垃圾都很少见。

乌岭沟茶叶制作还保留着原始技艺，这里是旌德县最后通电的地方，1992年才通上电。村民们习惯凭借祖辈传下来的手艺和自己积累的经验制茶，采茶工把茶叶采回来后，先要经过鲜叶甄选，然后再杀青、揉捻、烘干，这里最不缺的就是柴火，每道工序村民们都是选用最好的柴火。特别是烘焙，木炭一定要最好的，没有异味，不能起烟，每个环节都力求尽善尽美才能制出好茶。

今年，乌岭沟的茶叶3月31日开始采摘，几乎每户人家都有5名以上采茶工，1名采茶工一天能采4至5斤鲜叶，做成干茶大约1斤4两。

在这个忙碌的季节，储发根和村民们每天晚上制茶、包装茶叶到十二点，早上五点钟起床做早饭，采茶工一般六点多钟上山，等把家里都料理好了，储发根和村民们一起骑上近1个小时的摩托车来到俞村镇集市上，开始早上短暂的销售。

这些天集镇上人最集中的就属乌岭沟茶农的摊位，有本镇的居民，还有外地来的茶商，储发根他们还是继承了老一辈的脾气，不习惯纠结于和茶商们讨价还价，每天到了十点半钟，不论当天销售成果如何，都和村民们一起买上一些菜和生活用品，赶回乌岭沟。对他们来说，这个季节每分每秒都是宝贵的。用他们自己的话说，茶香不怕山路远。喜爱乌岭沟茶的人，自然会不顾路途遥远，只为品一缕茶香。

夜越来越深，储发根和村民们在浓郁的茶香中，正在对制好的茶叶进行包装。时钟滴答滴答的旋转，在这个连网络都没有的地方，有这样一群人在坚守父辈的技艺，用最原始的材料，最原始的工艺，传承着最初的信念。

乌岭茶香，不曾远去，不曾离开……

文/姚小俊　摄影/姚小俊

红薯粉丝

每年12月份是吴建平最忙碌的时候。

家住俞村的吴建平，今年67岁，17岁开始制作红薯粉丝，一晃50年过去了，当初的翩翩少年早已白发苍苍，但他对手艺的热爱却丝毫未减。

吴建平制作红薯粉丝的手艺是偷学一半，自己摸索一半。他十几岁时，农户家的红薯粉丝都是浙江师傅上门加工的。那时的他，觉得这门手艺很神奇，特别是刨粉丝。吴建平每天跟在浙江师傅后面以帮忙为名学艺，感觉差不多了，便尝试着自己做。第一次却以失败告终，不是因为工序没掌握，而是制作粉丝的工具有瑕疵，没有完全蒸熟。吴建平和木匠师傅仔细研究，终于找到问题所在，改进了笼屉，从此开始了做粉丝的匠人生涯。

红薯粉丝的品质和原料直接相关，吴建平说要想粉丝有韧性、味道好，要选"胜利百号"红薯。这种红薯皮浅红色，薯肉乳白色，薯块纺锤形，熟食香甜面沙，肉质细嫩，淀粉含量高。

采访当天，走进吴建平的手工作坊，那是一间老房子，房子里光线不是很好，有些昏暗，吴建平正在往柴灶大锅上的笼屉里加红薯粉水。这间房子是村民无偿提供给吴建平用的。2000年以后，农村新房越建越多，新房里虽然也砌柴火灶，但基本上没有大铁锅。制作红薯粉丝必须用能放得下笼屉的大锅，到农户家上工不现实，只能送到作坊里加工。蒸粉丝饼烧的柴火，以树桩和大木块为主，这种木柴耐烧，一般由农户自己提供。

制作红薯粉丝要选择合适的天气，夜间温度零度最适宜。所以，红薯粉丝制作基本都要在12月份以后。农户把红薯从地里挖回来后，洗净碾成粉浆，然后装进布袋里用水一遍一遍洗粉滤渣。过滤好的淀粉水，还需要用清水静漂15到20天，静漂的时间越长越好，

◁ 蒸粉丝饼　　　　　　　　△ 吴建平扛着粉丝饼去农户家刨粉丝

红薯粉丝　·　069

◁ 刨粉丝

　　静漂期间若是温度略高，一周需换一次水，温度低可以半个月换一次水。

　　吴建平的笼屉是4层，木头制成，呈方形。笼屉高90厘米，宽60厘米。现在也有一些笼屉是不锈钢制成，一般是5层。用笼屉蒸前先烧开一大锅水，然后将笼屉放在大锅上，用水调好红薯粉的浓淡度，铺洒进笼屉内，铺洒时从笼屉的最下面一层开始，依次向上，4层都完成后，保持110℃左右加热。蒸的过程中，每隔十分钟左右，就要往笼屉里添加红薯粉水，一轮蒸熟需四个半小时，一天可以蒸两轮。为了完成九个小时的蒸粉任务，吴建平每天早上四点钟起床烧水，晚上很迟才能结束。起早贪黑，很是辛苦。

　　蒸好的红薯饼，需冷却到一定硬度才能刨粉丝。一般需冷却

△ 刨粉丝　　▽ 晒粉丝

一天两晚，这样刨粉丝才不容易断。

吴建平总是把各家蒸、刨粉丝的时间算好，因为粉丝刨好后，需要好天气晾晒。他总是很细致的查看天气预报，安排好各项工序。

刨粉丝也有讲究。吴建平先把22.5公斤左右的红薯粉饼扛到农户家，先用大刨把表皮刨掉，再用粉丝刨将其刨成条状。吴建平刨了50年，技艺很娴熟。看他刨粉丝，就像是在打造工艺品，丝丝滑滑，看着让人特别舒服。一屉粉丝，吴建平一刻钟就刨好了。他一边刨，农户一边用竹竿晾晒，粉丝条晶莹剔透，成了农户院内一道靓丽的风景。

现在生活越来越便利，但旌德老百姓还是习惯自己种红薯，用自己加工的红薯粉丝招待客人。每到年底，很多农家还把加工的红薯粉丝送给城里的亲戚，因为原生态，成了顶好的礼物。红薯粉丝市场上价格，大概是每公斤50元。吴建平注册了"白龙潭"牌红薯粉丝商标，除了给农户加工，自己还是经销商。因妻子常年在女儿家帮忙带孩子，他一人经营，粉丝销量并不高。

吴建平说，他每年给农户加工的收入大概有六七千元，对他来说，很知足。这些钱用于日常人情往来足够了。他之所以现在还坚持在做红薯粉丝，一方面是农户需要，每年到了那个时间点，就会接到大家的电话。这份被需要，让他有了成就感。另外，吴建平希望余生能遇见一位手艺传承人，不想让这门手艺失传。

文/姚小俊　摄影/朱学文　方伟巍

野生葛粉

一把锄头、一把刀是挖葛人的标配。

今年65岁的杨墅村赵川村民组村民吴祥明每年下半年基本都是这样的装扮出门。

赵川村被群山包裹，地势较高，和外界交往不多，居民生活很安逸，日出而作，日落而息。吴祥明平常除了用三轮车跑运输，家里还养了上千只跑山鸡和几十箱蜜蜂。山里长大的人能吃苦。吴祥明忙完这些活，到了冬季，挖葛成了他的主业。

葛，豆科藤本植物。葛根除含有丰富的碳水化合物以及人体必需的氨基酸和矿物元素等营养成分外，还含有异黄酮类化合物以及少量的黄酮类物质。其中，黄豆苷原、黄豆苷、葛根素是葛根的主要活性成分。尤以葛根素含量最高。葛根的茎、叶、花、果、根均可入药。明代李时珍《本草纲目》载："葛，性甘、辛、平、无毒。主治：消渴、身大热、呕吐、诸痹，起阴气，解诸毒。"现代医学研究表明，葛根黄酮具有防癌抗癌和雌激素的作用，可帮助女性丰胸、养颜。

△ 挖葛根

葛根的食用价值高，葛粉被称为"长寿粉"。经常食用能调节人体机能，提高机体抗病能力。葛粉经开水冲调后食用，是防暑降温的佳品。

吴祥明十几岁时，就和葛结下了不解之缘。那时家家户户吃饭都成问题，正在长身体的孩子经常吃不饱，村里的一位老人很喜欢他，时不时地给他些煮熟的葛根填肚子。当时的吴祥明觉得葛根真是人间美味。

旌德葛根粗壮肥大，粉多味甘，各地皆产，深山尤多。旧时，人们常在荒年用以代粮充饥。20世纪80年代，一些村民冬闲开始挖葛，制淀粉或煮熟到市场出售。包产到户后大家都能吃饱肚子，葛根只当辅食了。进入90年代，挖葛开始在农村盛行，葛粉在人们眼里渐渐成了健康食品，大家都想着去挖葛挣钱。2000年以后，退耕还林的田地中到处长葛，在那种地方挖葛，比在深山里轻松不少。

野生葛粉 · 075

每年下半年到第二年清明，吴祥明作为挖葛的老师傅时常带着村民一块上山。过了清明，葛根藤蔓透绿，就不能再挖了。

我们找到吴祥明的时候，他恰巧在村边一个坡地上挖葛。吴祥明介绍说，挖葛要学会看葛藤，葛分粉葛和柴葛。柴葛叶子大而光亮，粉葛叶子略小、毛多。看葛藤底部粗细，大致可知道葛藤的年龄，越粗证明年岁越大。三四年以上的葛藤，才会有丰硕的葛根，年数越长，葛根越发粗长，几十斤、上百斤的都有。吴祥明最多的一天挖了190公斤。

嫩一点的粉葛可以煮熟吃，煮的时候要让水没过葛根，通常要煮一个小时，水煮干口感才好。煮熟的葛根用菜刀切成薄片，放在嘴里嚼着吃。挖葛根的季节，旌德菜市场经常有人卖熟葛根，宾馆饭店往往把葛根片当水果摆到酒桌上，让客人品尝。初见熟葛根者，常误以为树根，不知其独特风味，一经品尝，始知清香甘甜，余味隽永。旌德人风趣地称它为"农民的口香糖"。

吴祥明每年挖回来的葛根主要用来洗葛粉。2020年，他花800多元钱买了一台电动粉碎机，这样洗葛粉就方便多了。

葛挖回来后，先放到水里，用毛刷刷洗干净表皮的泥土。然后用轧粉机把葛根碾压成粉渣，之后装进布袋里漂洗，葛粉就在漂洗下来的水里。吴祥明一次性买了好几只大号塑料桶，用来漂洗葛根粉。洗好的葛根粉需要用水漂洗沉淀，每一次换水后，都要对淀粉水进行搅拌。这样换一次水，就等于漂洗了一次，如此漂洗七八次，葛根粉就变得很白了。如果漂洗不到位，葛粉晒干后颜色灰黑，品相不好，就卖不上价格。

沉淀好的葛根粉，放在阳光下晒三四天，就可以出售了。目前，市场上的葛粉价格每公斤70元到100元不等。吴祥明家的葛粉基本销往广州、深圳，价格比本地略高。村里有年轻人在外务工，吴祥明家的葛粉品质好，销路从来不是问题。有时家里没货了，外地打电话来要货，吴祥明告诉对方过几天就有了，然后立刻拿挖锄和刀上山，几天后就把包装好的葛粉寄给客户了。

△ 野生葛根粉

葛粉同样可以制作粉丝。采访当天，吴祥明妻子拿出家中的葛粉粉丝，看上去和红薯粉丝没什么区别。但吃起来口感比红薯粉丝更有嚼劲。因葛粉价格比较高，一般人家不会用葛粉大量制作粉丝。

我们离开赵川的时候，天已经开始黑了，吴祥明还在清洗葛根，他说晚上煮几根细葛根当零食吃，明后天再去挖点，和今天挖的一块洗葛粉。

夜幕降临，炊烟袅袅，粉墙黛瓦在这夜色中显得神秘而平静，人间烟火气这个时刻最为真实。

文/姚小俊　摄影/姚小俊

腌火腿

到蔡家桥镇饱过岗饭店采访已入冬月,正值腊货飘香的季节。

记不清多长时间没来饱过岗了,饭店格局和神态还是多年前的那副模样。50岁刚出头的方光平正在和一位师傅把晾晒在三楼阳台上的香肠用起重机吊下来,搬往室内。因为天气预报下午开始有雨了。

我们和方光平打过招呼后,他带我们逐一参观了原料库、温库、冷风干燥库、冷藏库、原料库里储存着从泾县、太平(黄山区)收来的黑猪火腿、五花肉,温库里装的是正在自然发酵的香肠、火腿,冷风干燥库里是腌制好正在晾晒的腌制品,冷藏库里陈列着一至三年的"饱过岗"牌火腿。这是我们第一次在旌德看到如此大批量的猪肉腌制品。

看过之后,我们就在靠近厨房楼梯间的一张四方桌边坐了下来。谈话自然从"老方家"和"饱过岗饭店"开始。

"老方家"是蔡家桥镇朱旺村板山自然村人。"老方"原指方光

△ 腌火腿

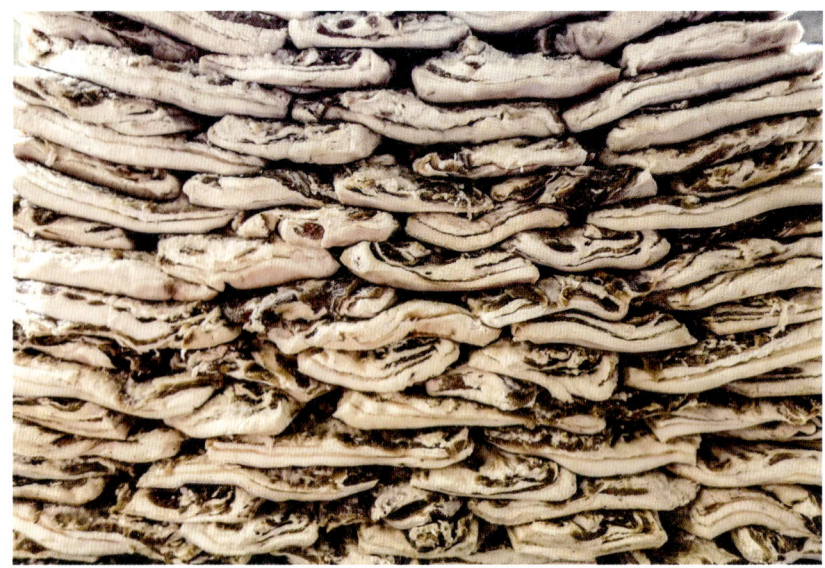

△ 码发整齐的腌五花肉

△ 冷藏室里的陈年火腿

平父亲方荣祥，老人5年前去世了。"饱过岗"是方荣祥20世纪80年代开的一家土菜馆，就是这么一家其貌不扬的土菜馆曾经以老鸭汤、霉干菜烧肉、冬笋烧鸡三道油腻而笃实的菜品征服大江南北的无数食客。那时候到合肥出差只要提到旌德人，话题可能就会扯到蔡家桥的美食上来。方荣祥新中国成立前就在芜湖同庆楼当学徒，练就了厨艺童子功，大集体的时候在食堂当炊事员，1986年来到镇上开饭店。

"饱过岗"店名，在那个年代是一个十分温暖的名字，它与主人一样敦厚而美好。"饱过岗"腌香肠、火腿的历史同样开笔于那个时代，一个浸染着原汁原味乡愁的年代。

在旌德，家家户户冬季都有腌腊肉、灌香肠的习惯。饱过岗饭店腊制品食材地道，美味可口，食客们不仅吃，有的还随手买一点送亲友。一来二去，冬季加工香肠、火腿就成了饭店的传统，方光平那时候就跟着父亲学艺。

老方家"饱过岗"火腿、五花肉、香肠，选购旌德、泾县、黄山区优质黑猪肉为原料。

具体到火腿腌制程序大致是：选料—修腿—洗净—腌制—浸泡—晾晒—压制—发酵—冷藏。

选料，一般选择10公斤左右的猪后腿。

修腿，也可说成整形，即把收购来形状不够美观的火腿修成琵琶状，修过之后大概在八九公斤。

洗净，用热水和冷水将火腿表面的血水洗净，并挤去肉中的

△ 晾晒五花肉

血水。

　　腌制，火腿腌制时，室外温度15℃需30天左右；室外温度10℃需40天左右。腌制时需放4遍盐，第一遍用盐为全覆盖（雪花盐），要在猪肉表面反复搓，直至搓出水珠，行话叫"出汗"。10只火腿一层，腌3天上下翻一遍，翻时再放一遍盐；间隔10天再翻一次，同时对火腿进行补盐；间隔15天再翻一次，对骨头部位重点进行补盐。

　　浸泡，火腿腌好以后用冷水浸泡8小时，而后清洗干净。

　　晾晒，洗净后的火腿可在阳光下晾晒3天左右，天气不好的时候直接放进冷风干燥库。

　　压制，用大木板将晾晒好的火腿进行压制，压制时间为12小时左右。压制好的火腿，结实美观。

发酵，晾晒压制好的火腿进入发酵室，经过一个梅雨季和一个夏季之后方入味。

冷藏，完成发酵的火腿入冷藏库保存保鲜。每年2000只火腿都在这里等待上市。

"饱过岗"火腿既可整只批发，也可真空包装，与香肠、五花肉组合成礼品盒装。2022年春上海疫情期间，方光平把腊猪手配老黄豆包装成盒，一次捐献了价值2万多元的产品给上海市。

"饱过岗"香肠，取料猪前腿，去皮剔骨后肉切大块，然后热水浸泡冷水清洗，绞好后40公斤一盆，放2至3斤盐，加大茴、生抽、生姜粉、白糖、十三香和适量65°白酒，中间换三次盆，腌制3小时，而后手工灌肠。香肠销量每年1万多公斤。

"饱过岗"一年四季腌五花肉，年销量3万多公斤。

为保证腊味原料品质，2009—2021年，方光平曾办过一个养猪场，主打黑猪养殖。因人手不够，今年初才将猪场转让。

"饱过岗"腌肉制品在皖南及上海拥有一批固定的客户，方光平还积极同电商开展合作，年销售额达500多万元。"饱过岗"腌肉制品还被评为宣城市非物质文化遗产项目。

中午，我们在"饱过岗"用餐，品尝了五花肉和香肠，那满口流香的味道，就是记忆深处皖南年的味道。

文/方光华　摄影/江建兴　姚小俊

腌小蒜

春日里的仕川到处弥漫着香味，有油菜花香，有野樱桃花香，还有最浓郁的腌小蒜香味。

仕川是旌德县俞村镇的一个行政村，从地图上看，是块飞地，像是从绩溪县地域中划出来的一块。2003年11月，仕川乡合并到俞村乡前，是个独立的老区乡。2009年底俞村乡改镇，仕川村是镇里一个远离喧嚣而宁静的国家级传统村落。

今年73岁的村民喻木林，一大早就到邻近村部的地里拔小蒜。他69岁的妻子周年香，在家里整理昨天丈夫从山上拔回来的小蒜。每年清明后谷雨前这段时间，喻木林夫妇都是围着小蒜转。他们俩都是土生土长的仕川人，传承了祖辈腌小蒜的技艺。在仕川村，谁家腌的小蒜味道和品相最好，喻木林家当仁不让。

喻木林说，腌小蒜首先要把握拔蒜的时间，清明前的小蒜味道有些苦，过了清明拔的小蒜味道才好，谷雨过后小蒜就老了。小蒜大都长在田边、荒地和坡地上，长树的山上很少，没有打除草剂的

△ 清明过后从野地里拔来的新鲜小蒜

△ 晾晒加工好的腌小蒜

核桃林也有。腌小蒜不只仕川村有，邻近仕川村的绩溪县几个村都做，但成色都比不上仕川，基本上没有什么名气。在仕川还是乡建制的时候，乡政府食堂、林业站食堂招待山外来客，都有小蒜红烧肉这道菜，许多曾经到仕川下过乡的人，说到仕川小蒜烧肉，往往口舌生津。周年香告诉我们，她在乡政府和林业站食堂曾经都做过饭，小蒜烧肉是自己的拿手菜。

仕川腌小蒜名气大，关键是其制作技艺和其他地方不一样，腌出来的小蒜颜色乌黑发亮，咸淡适中，香气浓郁，保存两三年不变质。

拔小蒜是喻木林的事，腌小蒜就要靠周年香了。

新鲜的小蒜拔回来后，周年香先将小蒜的根须剪掉，把黄叶清理掉，然后再清洗干净。这个工作说起来简单，做起来却要细致耐心。喻木林家正屋边上的库房里，地上摆满了一把把扎成捆的小蒜，大概有五六十斤。周年香差不多要花一天的时间，才能清理好洗干净。

洗净的小蒜不需要晾晒，直接用大木桶腌制。铺一层小蒜洒一层食盐，按每50公斤小蒜放2~2.5公斤盐的比例配比，腌的时候再用力踩一踩。一般腌制三天三夜。

腌好的小蒜需进行蒸煮，周年香家院子里专门备了一口大铁锅。煮小蒜时得冷水下锅，先把桶里腌制的水倒进锅里，水量不够，可另加清水，让锅里的水没过小蒜。煮小蒜的时间，为3~4小时，煮好后最好放锅里焖上一晚，让小蒜变成浅黑色。

煮好的小蒜捞起晾晒，晒到八成干的时候，需再次将小蒜放到锅里煮。这次煮小蒜得先将锅里的水烧开，再把小蒜放进去，水要适量，没过小蒜一半的高度即可，然后用大铲子不停地翻炒，翻炒时沿锅边加少量食用油，这样既可防止小蒜粘锅，还可防止把小蒜切成段时粘刀。把锅里的水炒干后，将小蒜捞起再次

△ 腌小蒜烧肉

晾晒。待小蒜晒大半干且尚软时切成小段，然后继续晒干保存。

喻木林说，腌小蒜的每一道程序都很重要，煮和晒靠的是经验。颜色发黄的小蒜，一般香味会差一些。50公斤鲜小蒜大概能制5公斤干小蒜。喻木林家一年大概能产腌小蒜15公斤，目前的价格是160元/公斤。仕川村200多户，有100多户制作腌小蒜，数量有多有少，喻木林家是最多的。

小蒜最经典的吃法就是用来与五花肉红烧，周年香叮嘱说，烹饪时干小蒜不能用清水浸泡，等肉烧好锅里汤汁略多时，直接把小蒜放进锅里翻炒，而后文火焖制几分钟就可以了，这样做出来的小蒜烧肉味道最好，老远就能闻到特殊的香味。

小小的腌小蒜，在仕川村党支部书记喻海光心中却对立有着大大的想法。采访当天，喻海光和我们聊起腌小蒜，心中已有盘算。他准备鼓励村民们将田间山坡的小蒜移到地里，成立专业合作社，注册品牌。把种植和制作进行专业分工，这样小蒜产量有保证，加工质量也可控。接下来再和电商合作，通过抖音、短视频等方式直播带货，让更多的人品尝到仕川腌小蒜，让山里香飘到更远的地方……

文/姚小俊　摄影/姚小俊　蒋薇

竹笋加工

立春后,大地慢慢复苏,土壤中的生命也被唤醒。凫阳村民汪协平也敏锐地从冬的慵懒中走出,去林间寻找春的味道。

凫阳村有三大姓:汪姓、姚姓和蒋姓,汪姓、蒋姓居住区和乌岭沟村民组都有着大片的竹林,估计上千亩。每年春分时节,凫阳人就开始忙碌在林间。至于怎样将大自然的馈赠充分利用并发挥到极致,他们的祖辈在不断地摸索中找到了关于笋味的最好答案。

每年3月底到4月出来的第一拨笋叫"春笋"。春笋清明节前基本都是躲在土壤下面,过了清明节,所有的笋都开始突破土层,傲视林间,即使不是挖笋高手,一把锄头,竹林里转一圈,也不会空手而归。

汪协平兄弟姐妹5个,他告诉我们,年轻时每家每户都把自家竹林围起来,不让别人进去挖笋,他们家也有一片竹林,每到挖笋季节,他就和哥哥一块去挖笋,那时挖笋的人多,竹园小,每次都只能挖到一小竹篮毛竹笋。现在挖笋的人少了,经常性的是一蛇皮袋毛竹笋扛回家。他说，大量的毛竹笋如果不加以处理，过不了几年竹林将会变得无处下脚，所以挖笋不仅是为了寻求美食，也是为了让竹林能更好的发展。

春笋还没结束，刚竹笋（麦黄笋）、水竹笋、木竹笋等相继上市。从4月初到5月底，农家人都在围着笋忙碌。刚竹笋、水竹笋、木竹笋等都长在山里，一把独轮推车、一个蛇皮袋、一块围腰布、一双雨靴，是农家上山的基本装备。从20世纪90年代开始，大量的农村人涌入城市务工，留在村里的人少了，上山的人更少，原来的山路因长期没人走，都被草木覆盖，拔笋变得异常艰辛，人们必须低着头弯着腰在草窝里钻来钻去。虽然辛苦，但这个季节的农家人都会去拔笋，有些是当成一种副业——卖鲜笋，有些是把笋制作

△ 剥去新鲜竹笋笋壳

成笋干、咸笋，和不同的食材一块加工成美食。

汪协平每次拔笋回来后，都把最嫩的笋留下来，让妻子制成咸笋、保鲜笋和笋干，其他的再拿到市场上去卖。市场上的行情不错，剥好的笋价格在2.1~2.4元之间。村里卖笋最多的一户人家，每天3个人上山拔笋，每年卖新鲜笋就能卖6000多元。汪协平家中没有劳动力，妻子身体不好，儿媳每天在家带两个孙女，每次都是他一人上山，今年60岁的他卖笋也卖了2000多元。

自家吃的笋，汪协平妻子总是很挑剔，稍微老一点的都不要。她告诉我们，不论制作哪一种笋，第一步都是把笋煮熟。在锅里加适量的清水，然后把笋倒进去，让水没过笋子，等把锅里的水烧开，再加热15~20分钟，笋子就煮熟了。如果是做新鲜笋子，以后用来

△ 剥掉笋壳后的笋肉

竹笋加工 · 091

烧汤，把笋子的水分沥干，冷却后用保鲜袋密封放到冰箱冷冻即可。如果是制作笋干，笋子煮熟后，最好放在锅里焖一两个小时，一次性煮烂的笋，以后烧菜时容易熟。煮熟后的笋子最好放在冷水里浸泡一下，然后沥水，或放在炭火上烤或放在太阳底下晒，晒干后的笋子放进密封防潮的地方收藏就可以了。干笋保存得好，可以保存四五年。还有一种加工方法是做咸笋，可以是煮笋时放盐一块煮，也可以煮熟后再放盐。

制作咸笋，皂阳人是有讲究的，他们将笋煮熟后不放在太阳下晒，而是用炭火烘烤，这样制作出来的咸笋味道更鲜美。咸笋不用烤干，半干即可。一般情况下，咸笋用来炖汤，有些孩子还把它当零食，没事的时候喜欢嚼几根。汪协平说，现在的咸笋和以前不太一样，以前为了保存时间长一些，制作咸笋时，盐总是放得多一些，现在有了冰箱，只需要放适量的盐，烘烤后直接用保鲜袋密封包装放在冰箱冷冻，保存时间也可以达到一两年。

来旌德做客，旌德人餐桌上总少不了干笋烧肉或笋子炖老鸭。笋的质地单纯，极易吸收所搭配食物的滋味，尤其可以和肥腻的肉类脂肪形成美妙的平衡。

笋子从林间到成为餐桌上热气腾腾的菜肴，经历过艰辛和一道道工序，变成了农家人舌尖上的美味。这种美味在时空变换中，或许就成了记忆和乡愁。

文/姚小俊　摄影/姚小俊

酿果酒

春暖花开的季节，走进孙村镇合庆村盘古山果园是件心情愉悦的事，漫山的桃花、梨花在春风里摇曳，花香在山中蔓延。来到这里，觉得世间一切都自在美好。

从花香到果香到酒香，隔着四季时光。

盘古山400多亩果园，有猕猴桃、皇冠梨、黄桃、杨梅、蓝莓等10多个品种。每年，果园主人李云华都会酿造各种果酒。

今年49岁的李云华是土生土长的合庆人，早年在上海务工，后来做环保材料生意，在上海发展得很好。李云华对家乡有一份执念，总想在故乡的土地上干点事。2016年，李云华选择回乡创业，流转了上千亩山场建果园，养"跑山鸡"，开发垂钓项目，从一个农业门外汉变成了行家里手。

李云华不仅水果种得好，还会酿各种果酒。李云华酿果酒是跟浙江师傅学的，每一个关键点都注意学习，写下观察记录。实践了几年，酿果酒的每道工序驾轻就熟。

△ 猕猴桃果

李云华告诉我们，酿果酒时间最长的是猕猴桃，发酵时间需半年以上。猕猴桃10月成熟，就开始酿酒，随着气温的逐渐下降，发酵时间相应拉长。梨、桃等果酒发酵，基本上是2个月左右。果酒酿造成本最高的也是猕猴桃，50公斤猕猴桃只能酿5公斤酒。杨梅、皇冠梨、黄桃等50公斤能酿8.5公斤果酒。成本高自然价格就高，猕猴桃酒1公斤520元，其他酒1公斤400元。

果酒好不好，酿造原料是保证质量的首要因素，它直接影响果酒酿制后的口感。李云华的果酒原料采用的是从树上摘下的鲜果，选取成熟度高、果糖含量高、无霉烂无病虫害的水果。摘下来的水果用山泉水洗净、切块。为了保证果酒的原生品质，不对水果去皮、榨汁。果酒发酵除了加酒曲外，还得按50公斤水果加15公斤白糖配比。操作时，在大缸中每放一层水果撒一层白糖，然后封口发酵。

▷ 用机器将猕猴桃果打碎

▷ 加白糖腌制猕猴桃使其发酵

酿果酒 · 095

发酵一个多月后,需打开查看发酵情况。猕猴桃需发酵 3 个月再察看。如果缸中有水果漂浮表面,那就是还未完全发酵好,需等水果全部沉淀缸底才行。

发酵完成后进入蒸馏工序。蒸馏用的是木柴加温,蒸馏出的酒精度达到 60 多度时,果酒品质最佳,酒精度降到 48 度时,蒸馏出的酒就不要了。刚酿好的果酒不能直接饮用,需在酒窖中放置 1 年以上。经过自然挥发,原来 60 多度的酒会降到 50 多度。时间越久,果酒的香味就越醇厚。在李云华的酒窖中,我们看见一个硕大的塑料水桶,一根水管不停地往水桶中灌山泉水,桶里面的水溢流而

△ 蒸馏加工果酒

出。李云华说，为建这个酒窖，自己没少动脑子，酒窖要保持恒温，10℃左右最好。他依山建了酒窖，并将山泉水引入酒窖中，不仅大桶存放，还自然流淌，给酒窖制造出一个最佳藏酒环境。

李云华说他的果酒之所以果香浓郁，还有一个原因是果树管理。盘古山果园处在海拔较高的山上，昼夜温差大，山坡地利水，适宜黄桃等水果生长。加上自己的果园施用羊粪等有机肥，一年人工除草四到五次。这样种出的水果，口感优于同类产品。

盘古山果园一年产猕猴桃大概2500公斤，桃子5000多公斤，梨子2万多公斤，其他水果也都相继进入盛产期，除了让游客自助采摘，主要销往上海等地。每年果酒产值5万元左右。

一方水土养一方人，李云华怀揣着对家乡的热爱，在盘古山种水果酿果酒，也在酿造一种新的生活方式。

文／姚小俊　摄影／姚小俊

指间匠心

守艺旌德 >>>

编草鞋

提到草鞋，我们脑子里往往会闪现红军二万五千里长征，穿草鞋爬雪山过草地的镜头。

草鞋历史悠久，盖为鞋之祖。上古时代一种叫"屦"的鞋，就是用麻、葛等做成的草鞋。传说三国时的刘备就编过草鞋，不管真假，说明过去会编草鞋的人多。草鞋在中国有着数千年的时光。

今天，编草鞋穿草鞋的日子早已一去不复返。

一个偶然的机会，在兴隆镇三山村艺术乡村文化节上，我们看到了当地村民杨安源编草鞋的画面。经当地"村田里"民宿老板介绍，杨安源接受了我们的采访。

今年67岁的杨安源是地道的农民，十四五岁时就学会了编草鞋。他说，那个年代买一双解放鞋需要三四元钱，平时是舍不得穿的，只有出门做客时才会穿。20世纪70年代村里家家户户都编草鞋，不仅男的编，女的也编。

编草鞋用的材料是稻草，一般采用当年新割的麻壳稻稻草，这

△ 用稻草编草鞋

种稻子现在已经没有了。新稻草编的草鞋牢，旧稻草因为老化，编的草鞋不耐穿。从稻田里收回来的稻草要晒干存储，编时洒点水润一下，呈半干半湿状，然后用木槌锤几下，稻草秆软了才方便编织。为了增加草鞋的耐磨性，还可以把旧衣服撕成一根根布条，夹在稻草里一起编织。

编草鞋的主要工具是"草鞋耙钩"，先把草鞋耙钩固定在长板凳上，将事先搓好的绳子缠在上面，绳子另一头系在绑于制作者腰上的一节竹弓上。草鞋大小只需竖起小手臂过下绳子，长短就差不多了。先用稻草打一个草鞋鼻子，再分出四五根经绳套在"草鞋耙钩"的木指头上。这种经绳，一般用"榆树"皮或苎麻搓成，纬绳用稻草。杨安源说，编草鞋从鞋尖开始，剪断3根经绳，绳头回掖入夹层，将经绳理顺，塞入剪经条部位的夹层内，形成封底用的3根经条。两侧的经条变为纬条，从一端开始编纬。左右侧纬条压1挑1相互叠压编入经条，再将左右侧第2根纬条挑1压1相互叠压编入经条。以此类推，鞋底就编织完成了。编鞋底过程中，要一边编织一边把稻草拉紧，一边做一边还要做上草鞋小耳朵。小耳朵是用来穿绳的，一边大概要做5个，前3后2，一双草鞋一共要做10个小耳朵。草鞋没有鞋面，穿草鞋时绳子穿过耳朵，系在人的脚背上，草鞋就固定了。编得好的草鞋，会非常合脚，像贴在脚上一样，下地上山非常自如。

杨安源告诉我们，一双草鞋基本上只能穿8到10天。过去劳动一年四季都穿草鞋，冬天也穿，条件好一点的穿双山袜，条件不好的就光脚穿草鞋。一年下来，干活的人一年要穿30多双。草鞋一般是大人穿，孩子很少穿。

穿草鞋上山干农活，脚总是容易受伤。不是脚指头碰到石子被踢破，就是山上的荆棘扎着脚流血。但草鞋也有优点，不论什么季节，什么路，都不会打滑，也不臭脚。

杨安源小时候常听父辈说，皖南事变发生后，新四军游击队从泾县翻牛栏里古道到兴隆从事革命斗争，当地群众经常编草鞋送给他们。村里红色纪念馆里就收集有这样的故事。

在旌德不少地方流传着这样一个风俗，村里人家办白喜事，总

△ 草鞋成品

会给抬寿材的抬夫每人发一双草鞋,用于出殡当天抬材上山。穿草鞋的历史,基本终结在 20 世纪 80 年代初。

随着时代的发展,草鞋的用途已经不复存在,但作为旅游工艺品,它承载着乡愁的文化价值又为新生代所青睐。

杨安源40多年没有编草鞋了，这两年村里发展乡村旅游，安排他编草鞋，一方面是让游客观摩，了解这门传统手艺；另一方面把草鞋当成工艺品对外销售。现在的他还在摸索新的草鞋款式，希望通过材料改良把草鞋编得更加精致、美观。

采访快结束时，杨安源说现在最大的问题是稻草难收集，大家都用收割机割稻了，那些短稻草没法用。自己收集的稻草都是偏僻地人家手工割稻打稻时留下的，这些人年龄越来越大，用不了多久，手工稻草就会消失。现在，他每年都收集一些手工稻草备用。

原材料的缺失，会给这门手艺的传承带来什么，还是未知数。

手艺是时代的缩影，也是时代的见证，最好的方式是与时俱进。

当然，这只是一个美好的愿望。

文/姚小俊　摄影/姚小俊

扎扫帚

没到板桥村蓬川前，真不知道这个村以前家家户户扎扫帚的历史。

3月中旬的一个周末，恰遇倒春寒，我们到了旌桥村村委会驻地，村主任找了辆面包车带我们去蓬川。蓬川村海拔800米，山路弯道多，怕我们路况不熟，他特地做了安排。

虽然天气多云，上山路上看见茫茫竹海中还是有些雾气，这样的天气看竹林很是灵动，竹叶尖上一滴滴露珠在闪烁，竹青上的水润还没有完全散掉，那种青绿十分养眼。

蓬川村有五六千亩竹林，说是竹海一点都不为过。只可惜竹子卖不上价钱，每100公斤只卖46元，农户管理的积极性不高。

村主任给我们介绍的扎扫帚的方观春家住在半山腰上，我们到他家门口的时候，方观春夫妇正在屋檐下扎茅花扫帚。方观春家厨房右边有三间水泥砖砌的简易房，每间房子里都整齐地码着扎扫帚的材料：整大捆的竹枝、扎好小撮的竹枝、扫帚柄以及一卷一卷的红藤。

应我们要求,方观春演示了一遍扎竹丝扫帚的工序。他先从缸中取出泡了一夜的红藤,然后取过一小撮竹枝,用红藤缠紧,而后顺序一小撮一小撮紧贴着缠,一把竹扫帚通常扎5小撮。这5小撮竹枝捆扎时,摆放位置各有不同,放在扫帚最后面的一撮竹枝,捆的地方要高些。以此类推,放在最前面的竹枝要捆在最低的地方。这样做的目的,是为了用扫帚扫地时,前面的部分可以更加弯曲,把垃圾扫进簸箕更方便。竹枝扎完后扫帚成型,方观春用刀把扫帚尾部修理整齐后,拿过一根竹制的扫帚柄,把尖的一头从扫帚尾部插进去,而后倒过来将柄头在石头上用力垂直敲严实,一把扫帚就扎好了。在外人看起来,扎一把扫帚,也就十来分钟。但是,要把准备材料的所有工夫算进去,一个人一天也只能扎15把扫帚。

方观春扎好扫帚后,把我们让进厨房,详细解答我们所要了解的一些常识。

今年61岁的方观春,很早就会扎扫帚。

蓬川人把扎扫帚叫"讨饭的手艺"。其来历是这样的,据传百余年前有个潘姓要饭的人到蓬川定居,他发现村子周围长满了毛竹,便用竹枝扎扫帚,补贴家用。有心人就跟着潘家学会了扎扫帚,最后扎扫帚成了家家户户都会的手艺。蓬川村最高峰,200多人,五六十户都扎扫帚。现在常住人口只有五六十人,十来户,仍家家扎扫帚,数量有多有少。但说到扎扫帚,所有人开口都习惯说"讨饭的手艺",不知道此话是为了纪念教会大家手艺的那个"讨饭"

的，还是在说扎扫帚的种种艰辛。

方观春介绍说，竹枝扫帚最基础的材料是竹枝丫，最好的收集季节是秋天到正月这段时间，春夏水分多，细竹枝容易腐烂。砍下毛竹后，选择那种细长且生长方向一致不杂乱的枝丫砍下来，还得把上面的叶子摘掉。摘竹叶摘得手指痛，戴手套摘一天会用破3双。每株直毛竹梢都能砍下来做扫帚柄。以前，竹扫帚柄不够用，就用细杉木代替。运回家的竹枝晾干水分，就可以扎扫帚了。

取竹枝倒是不远，就在村子周边或房前屋后。但割红藤就很苦了，方观春说他们找红藤要到绩溪、宁国、黄山区的大山里去找，起早贪黑是常有的事，红藤都攀在树上长，先把地上割断，然后再

△ 扎扫帚

使劲往下拽，有时候藤缠藤，还要把刀绑在长杆子上从上面割断。扎扫帚除了用红藤，现在也可用布条代替。

方观春现在一年能卖3000把扫帚，每把15元，基本上是宁国客商订的货。

除了扎竹扫帚，方观春家还扎茅花帚，扎的方法与竹扫帚大体相似，但取材料比收集竹枝更辛苦。因为茅草一般长在河边或山上，开花时正值七八月大热时，茅草长得都有一人多高。采集茅花不能太老，太老了杆子就发脆了。采集人要戴手套穿厚厚的衣服甚至胶皮靴，用手拿刀从远处伸过去，选择毛絮多而壮的茅花，从杆子下端割下来。茅草边锋利如刀，稍不小心，就会把手脸刮破。采回来后的茅花需放到太阳下晒，把水分去掉。扎的时候，把茅花上的毛絮打掉就行了。

这两种扫帚，因材料不同用途稍有区别。茅花帚一般用来扫一些细小的垃圾，多在屋内用。竹丝扫帚比较硬，一般在室外用方便自如。

我们走出方观春厨房路过廊檐时，不经意间发现方观春妻子理茅花的手，多处皮肤裂口，问她，说是在山上染了毒气所致。

常人眼里一把不起眼的扫帚，其背后总有说不尽的辛酸。

文/方光华　摄影/姚小俊

打铁

从 14 岁到 72 岁，每天与"叮叮当当"的打铁声相伴，所有关于光阴的故事都在一间八九平方米的打铁铺中。这就是旌阳镇板桥村村民黄福龙的人生。

打铁是一种煅造工艺。它借助火炉、风箱、铁铗、铁锤、锉刀等工具，经过煅烧、敲打、锉磨、淬火等工序制成方便使用的工具，包括农业用具、生活用具等。铁匠打的用具，与所在地方的劳动方式有关。旌德铁匠大多打制锄头、刀具、犁、耙等。

俗话说：人生有三苦，打铁、撑船、卖豆腐。打铁是一门需要胆量、力量和吃苦精神的活计。

黄福龙的打铁手艺是跟父亲学的，他老家在浙江永康，2 岁那年跟随父母迁到旌德。过去，在皖南走街串村打铜壶补锅的，基本上是永康人。永康改革开放后，以生产小五金闻名全国。黄福龙父亲是跟他舅爷爷学的手艺，家族三代铁匠，三代人的记忆都维系在小小的铁匠铺中，汗流浃背的岁月，给了他们坚守的信念和力量。

△ 在炉火中烧钢锭

　　黄福龙如今的铁匠铺在旌德乡道旁边，紧贴家里住房。店铺墙壁上挂着大小锄头、柴刀等，各种材料散落在店铺的每个角落，店铺唯一的窗户旁有两个大树墩，树墩上各摆着一个光亮的铸铁墩，铁墩呈馒头状，横向各带一圆锥体。树墩沉实，加上铁墩的重量，看上去像是长在铁匠铺里。铁墩左边放着一架电动空气锤，手用铁锤放在树墩边上，对着炉火的墙角放着一口水缸。桶上方墙壁上挂着几把长短、宽窄不一的铁钳。整个铁匠铺看上去杂乱，其实工具摆放得很有序，都是按照方便作业摆放的。

　　鼓风机一响，炉膛里煤炭就通红起来。黄福龙今天正好在为顾客打一把小锄头。

只见黄福龙在一堆材料中用铁钳夹起一根尺长的钢棒，一放进炉膛就"啪啪"作响，钢锭瞬间烧得通红。打铁的炉子不同于普通的炉子，造炉子的时候都安装了鼓风机。以前烧炭拉风箱，现在用电。早上点炉子时，用的是农家烧锅灶的引火柴加木炭，烧着后加淮南焦煤。通过鼓风机很快就能把温度提上去。钢铁在炉膛加热的温度能达到七八百摄氏度，烧红的钢铁会变软，铁匠就可以轻而易举地让它弯曲和成形。黄福龙将烧红的钢料铗出来，放到空气锤下"嗵嗵嗵"地敲打成扁形。接着再次放到炉中烧红，铗起来放在铁墩上再次锤打，并根据锄头长度剪断多余的钢棒。如此烧打两个来回后，黄师傅取过一块铁锭，放到炉中煅烧，烧红后放到空气铁锤下

▽ 锤打成形

△ 将塑形好的小锄头再次进炉煅烧

敲打，接着回炉烧红，手工锤打成中间宽两头细长状，并将铁块放在铁墩圆锥体上弯曲，接着再次进炉烧红，进行又一次人工锤打，锤打弯曲成形后放进铁皮桶水中降温，而后将弯曲的铁块和先前打好的锄面镶嵌在一起，稍微锤打后再次进炉煅烧，烧红后手工锤打塑形。塑形之后还要对插锄把的部位进行焊接。

打铁是个体力活，更是个技术活。过去打铁一人掌大锤，还需一人当副手掌二锤。以前，铁匠收入可观，有句俗话：一戮猪，二打铁，三捉鳖。说的是这三个行业挣钱快。生产队那时候，黄福龙一天挣2元钱，除了上交集体0.44元，还剩1.56元，是务农者的两三倍。加上带徒弟，挣得就更多。打铁虽然辛苦，大集体的时候黄福龙学徒不少，一共带过20多个徒弟，旌

△ 黄福龙打的砍柴刀、锄头

德、绩溪、宁国都有。学徒一般学3年,但打铁工艺复杂,要单独从业,还得在师傅那里继续学两年。

  虽然是打一把小锄头,但工序有十好几道。以前都是铁原料,成形之后,还要加钢。加钢得把铁加热,而后在锄头口部压一块钢,为了锄头锋利耐用。加钢以后,还有个锤打、回炉再锤打的过程。现在有了空气锤,初次成形省力多了。店铺只有黄福龙一个人,手工锤打成了辅助。锄头成形后,还要用砂轮打磨一下。锄头基本打成后,最后一道工序是"淬火"。锄头好不好用,耐不耐用,关键在淬火。淬火是将做好的工具再次放进炉火中烧热,达到一定温度时进行急速冷却。淬火时间的把握,要看烧红老嫩的程度。一个铁匠如果没有一手过硬的淬火功夫，是难以打出过硬铁具的。淬火结束，再用锉刀打磨锋利。完成这些工序，一把锄头才算完成。

黄福龙打铁59年，靠着一门手艺把3个女儿培养成人。现在年岁越来越大，孩子们条件都不错，希望他在家安享晚年，放下铁锤。但黄福龙热爱打铁，每天早上都习惯去点炉火，对慕名找他大批量定制工具的，他一一婉拒。对他而言，现在打铁不是谋生，而是一种生活习惯。黄福龙常常想起自己第一次打铁，14岁的年纪拎铁锤相当吃力，铁匠铺中环境嘈杂，一天忙下来，衣服上、头发上都是灰尘。自己却觉得非常有意思，从此喜欢上了"叮叮当当"的打铁声。以后的日子，就顺其自然了。黄福龙从没想过要去做点其他事，就这样在"叮叮当当"声中度过了大半辈子。

做了一辈子铁匠，最值得黄福龙骄傲的是将木头犁改造成全铁犁。黄师傅说，在旌德那是自己的"发明"，时间在2000年左右。经黄福龙之手，打造了三四百张铁犁，每张铁犁重量为15公斤左右。说起这事，黄福龙仍是一脸自豪。

定制的锄头已完成，炉膛里的火还在"啪啪"作响。我们问黄福龙：对打铁的热爱是多久？他铿锵有力地说：一辈子！

文/姚小俊　摄影/姚小俊　王萍

做秤

旌德县城解放街小商品市场进门一个简陋的案摊上摆着些不起眼的小五金,靠墙挂着几十杆长短不一的杆秤。摊子左边是一张一平方米不到的矮桌,桌边放着一张上了年头的木椅。摊边有一个狭长的楼梯间,里边是库房,外边一长条货摊算起来不过四五平方米。

△ 各式各样的秤

摊主叫应长丰，我们依据店牌上的手机号码，从对面街把他给呼叫了过来。

我们说明来意后，应师傅摇着光头笑着说，制秤有什么好采访的。谦虚几句之后，终于顺着话头和我们聊了起来。

今年61岁的应长丰祖籍浙江永康，那是一个跑全国经营小五金、用鸡毛换糖的地方。

1949年，应长丰的父亲应军南14岁，跟着在旌德开店的姑妈来到刚解放的旌德县城。

应军南的叔叔当时已在旌德开店做秤，做秤是应家的祖传手艺，到应长丰这至少五六代了。

做秤有选料、包铜皮、定位、钻秤星……几十道工序。应师傅说做秤杆要选杂树料，本地产的大叶青、小叶青比较适合，当然也有用红木做的，那就高档了。大叶青、小叶青树纹细致、质地坚硬，能保证秤的蠢直和不易变形。木头锯好后要放在阴凉的地方晾两三年才可以用。阴干的木料是方条，先用小刨子刨圆，秤刨不同于木匠的刨子，刨底整个是铁制的，光是刨秤杆就有初刨、中刨、细刨三道工序。

秤杆刨圆达到合适尺寸之后，要在秤杆大小两头包上铜皮，让秤杆既坚固耐用，也更加美观。接着是安装秤基，安装秤基是最难的，其中尤为重要的是定"叨口"。叨口，就是经过缜密测量，在秤杆上钻出几个孔。有了叨口，就容易区分出基秤和怀秤，别看只是在秤杆上钻几个小孔，每一下都是功夫。应长丰说：叨口直接决

△ 定秤星

定了整杆秤是否准确，必须全神贯注，位置、角度、大小毫厘不能差，有一点点偏差，秤就不准。

在叨口安装上叨子后，秤杆就有了平衡点。叨口眼钻好后是上挂钩。应师傅上挂钩的地方利用的是仓库中的那个门框，把秤杆挂上去后，一边用砝码一边用秤砣定盘星。盘星定下来后用近似圆规的卡尺划等份，先划出"斤"的位置，而后再细分"两"的位置，这样秤杆上每一斤每一两的位置就都标注出来了。一杆60厘米长的秤，得分出30个等份，长的秤斤两多，等份就更多。应师傅说："两"的位置，凭手他就能划出来，做了40多年秤，早已熟能生巧了。

"斤""两"的位置划定后是钻"星眼（秤花）"，应师傅用手工钻给我们做着演示，"斤"上标的星眼多一些，比如10斤的位置钻9个孔，5斤的位置钻5个孔，"两"上标的星眼相对少一些，一杆秤上的星眼数以百计。无论是位置、角度、力度，都不能有一点偏差。

钻眼之后是上星，应师傅上星用的是铝丝，也可以用铜丝。上星（秤花）就是把铝（铜）丝插入星眼中，而后用刀沿着秤面割断、锤实，割的时候刀上可以抹一点儿菜油。因为秤杆是干的，秤花上好后需用水磨，上进去的铝（铜）丝才不会掉。秤花上完之后，秤的模样就基本出来了。接下来给秤杆上色，应师傅上色用的颜料是用中草药加矿物质及生石灰配制的，那些中草药药店里买很方便，一般上色两次就达到黑白分明的效果了。上色晾干后是给秤打蜡，上蜡的作用是防水。最后一道工序是刨光，应师傅用的刨光材料是

△ 钻星眼

一串薏仁做的珠子，那串珠子早已在岁月中磨得光亮光亮了。

这些工序之后，还须反复校准，这样才能尽可能减少误差。

做一杆大秤得用时一天，现在卖200元；小秤得做半天，卖100元。

应长丰说：做秤不仅是手艺活，更是良心活。要反复打磨，反复校准，每一道工序精益求精，为的就是不偏不倚，不多不少。

手工制秤是门冷手艺，需要笨功夫，坐得住、静得下。应长丰钻研手工制秤工艺40多年，在他心里，秤是工具，也是艺术。

20世纪八九十年代，应家手工秤行也曾风光过，一家四五个人靠做秤谋生，应长丰回忆说。然而，随着电子秤的逐渐普及，手工制秤的老手艺逐渐没落了，现在三天只卖一杆秤，绩溪人买的比较多，因为绩溪那边已经没人干这个行当了。应师傅的女儿是护士，在上海工作，老祖宗留下来的这份手艺是好东西，恐怕在他手里要丢了，话语中应师傅透出舍不得的滋味。

假如能配合旅游试着做些精致的小秤，作为旅游纪念品让游客买去送亲朋，表达"称心如意"的祝福，是不是还能让老秤有新起色呢？这是我们的想法，并没有说出来和应师傅交流。

结束采访，应师傅做秤的画面还不时在眼前闪现：戴着眼镜，弓着身子，坐在木椅上，用锤子对还未成形的秤杆轻轻敲击着，相比于街上的喧嚣，他的世界仿佛只有眼中这杆秤……

文 / 方光华　摄影 / 姚小俊

弹棉花

我们走进胜利东路张兆华棉花加工作坊时,他正端着饭碗坐在门口吃饭,虽然还不到十一点,但对于早上六点钟就起床干活的张兆华来说,这个点确实饿了。

今年62岁的张兆华,是旌阳镇瑞市社区居民。他的棉花加工作坊在路旁好几十年了,这间作坊是父辈传下来的。他11岁跟父亲学手艺时,就在这里。张兆华兄弟姐妹5人,男孩只有两个,哥哥读了些书后才跟着父亲学手艺。张兆华从小调皮,父亲觉得他不是读书的料,早早地就让他在作坊里学吃饭的手艺。

旧时,弹棉花分铺棉、弹棉、压棉、拉线、牵纱、压磨等步骤。新棉花弹前要先去籽,然后用弓弦弹棉。现在从新疆采购来的棉花,已经去好籽了。

弹弓大多采用自然生长的弯曲树木,也有的采用竹子制成。弓弦用的是牛筋,当我们想用手触摸一下牛筋,感受一下材质时,张兆华立马紧张地制止说,牛筋是不能沾水的,沾上水弹棉花容易粘在牛筋上。手上有汗，不能随意触碰。

弹棉花的主要工具除了弹弓，还有檀木槌。

张师傅吃完饭后，开始为我们展示他的看家手艺——弹棉。他取一些棉花放在案板上，随后系上腰带，将一根弯曲的竹片插在背后，另一端便越过头颈，高高地伸到了眼前，并悬下一根绳子。张师傅从墙边取来高大的弹弓，横在案板上，将竹片上垂下的绳子，绑扎在弓木中央。左手握着弓木，让悬吊在竹片上的大弓保持横平状态，右手拿槌，用木槌有节奏地敲打牛筋弓弦，弹触棉花。顿时，发出"嘡——""嘡——""嘡——"的声音。随着一声声铿锵有力

△ 用弓弦弹棉花

弹棉花 · 125

的弦声,"琴弦"不停地在棉花堆中起伏震颤、上下翻飞,触弦的棉花蓬松飞舞起来,棉花渐趋疏松,棉絮成飞花重新组合。弹棉花需要耐心,每一处都要弹到,要反复弹上许多遍,直到整台棉絮弹得均匀如丝,蓬松如云。

张兆华告诉我们,20世纪八九十年代,到人家上门弹棉花,用户家大都把门板卸下来当铺棉板,并根据要弹棉絮的尺寸搭门板。有时候,他也会带板车将门板拉到别人家里上工。拿棉花到张家作坊加工,就没这么烦琐了。张兆华说他用的铺棉板有一块,比自己年龄还大。板的两边画上了一条条竖线,有数字标注出相应的尺寸。这样加工棉被时,就省去了量尺寸的步骤。

弹好的棉花,要整理成长宽合适的尺寸,而后用竹筛或磨盘,略略磨压一番。那坚硬的乌桕树磨盘很重,要用双手紧握盘面上的木杆才好推动磨压。张师傅店铺地上还靠着两个退役的磨盘。原本蓬松的棉絮,在磨盘的碾压之下密实了许多。

过去手工弹棉花,经过一上午,棉被基本成型。下午开始拉线,将根根纱线横竖牵扯起来。拉线是个细致活,一般需要两个人。两人相对案板而站,师傅掌管棉纱团,拿一根前端带钩的竹竿,把棉纱挂在钩子上,伸过去,对方接住,将棉纱黏压在棉被上,而后将竹竿回过来,又布下一根纱。那根细细的棉纱好像无穷无尽,在师傅的手竿下来来回回,在棉被上布下密集匀称的经线、纬线和斜线,织出一张绵密的大网。棉纱与棉絮能相互粘连,加上磨盘的揉压,黏结得更加紧密。之后,将棉絮翻转过来,将另一面也同样布

△ 用染红的棉花铺"囍"字

纱织网。

张兆华说，纱以白色为主，也有红、绿色。棉絮上绝大部分都用白色纱，但做嫁妆或结婚的棉絮往往会用到红、绿纱，通常先要用几根红纱线点缀棉被四周。张家作坊里经常自己染一些红或绿的棉花用来铺"囍"字或年份，以此表达对新人的祝福。对于用红棉扯"囍"字，张兆华信心满满，当场给我们示范了一个铺"囍"字。看着他熟练的撕絮，而后一笔一画的拼字，整个字笔画生动、端庄。50多年的岁月，张家两代人技艺传承的作坊里，时间留下了记忆，留下了匠心。

现在弹棉絮、棉花用机器弹，白纱网是现成的，省去了不少工夫。布好纱线后，棉被成形，但仍是鼓鼓的。最后一道工序是用磨

弹棉花 · 127

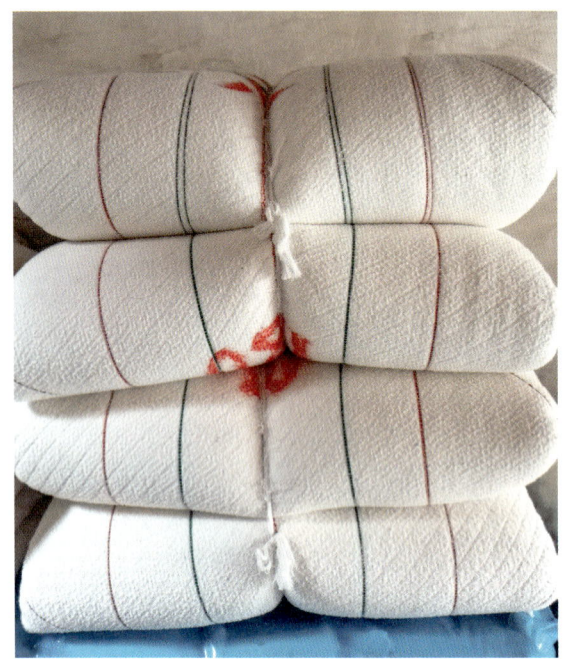

◁ 弹好的棉絮

盘继续揉压，有时张兆华还会脱了鞋子，光脚站在磨盘上，身体扭动，用双脚驱动着磨盘在棉被上碾压行走，颤颤巍巍，如同舞蹈。每一处，都要反复揉压很多遍。一面压好，再磨压另一面。经过一个多小时的揉磨，一床带着匠人体温、暖暖的棉被才算完成。

这是弹新棉的工序，旧棉重弹，要先除掉表面的旧纱，然后卷成捆，用双手捧住，在满布钉头的划头上撕松，再用弓弦弹，工序比弹新棉花要烦琐些。张兆华说，不管年头多长的旧棉絮，一经弹制照样蓬松柔软，洁白如新，这就是弹匠的神奇。

弹棉花不仅是个精细活，也是个力气活。敲弓的时候要花大力气，既累又脏，那些细如发丝的棉花无孔不入，不时地钻入鼻孔或肺部，影响匠人的身体健康。张兆华说，他哥哥十几年前就不再从事这份职业了，他现在的活也不多，一年大概只能弹100多床棉被，1.5米宽的棉絮加工费是70元一床，1.8米宽的棉被80元一床，一天最多弹两床，还要起早摸黑。店铺里的棉花都是从新疆买的，40元一公斤，买棉花的钱另算。张兆华说，现在已经没人学这手艺了。棉絮的替代品很多，手工棉被年轻人大多不了解，只有上了岁数的人才往作坊里跑，这些人也是一年比一年少了。

  弹棉花的手艺虽然渐渐被人遗忘，但弹棉花给了特定时代不可复制的温暖，时间会过去，曾经祥和、真实的生活永远不会在记忆中消失。

文/姚小俊　摄影/姚小俊

做布鞋

4月下旬，旌德雨水特别多，已连续一周春雨缠绵，幸好农户家的茶叶已基本采完。家住凫阳村的韩三俊趁着雨天在家做布鞋。我们走进她家时，韩三俊正在堂前纳鞋底，桌上摆满了鞋底和鞋样。

韩三俊今年70岁，15岁开始做布鞋，算起来做鞋做了55年。虽然现在买鞋方便、好看，但韩三俊和家人在家还是喜欢穿布鞋，至今每年还会做几双。

韩三俊9岁随父母从南京下放到旌德。家中兄弟姐妹6人，她在家排行老三，很小就开始学做家务，为父母分忧。韩三俊母亲是南京人，不会做鞋。韩三俊经常看邻居阿姨、姐姐做鞋子，15岁那年跟着邻居学会了做布鞋。学会后，就开始给家人做鞋。最多时，一年要做30多双，经常是白天在外干活，晚上在煤油灯下做布鞋。

韩三俊告诉我们，做布鞋先要制"袼褙"。袼褙是用糨糊将棉布一层层裱糊成厚片。先将面粉熬成稀稠适宜的糨糊，然后用糨糊将布粘在门板上，门板也可以用饭桌代替，一般糊4层左右。裱糊

△ 剪鞋样

好的袼褙需放在太阳下晒干。打袼褙，多用拆洗过的旧棉布，避开阴雨天，以免无阳光晾晒发霉。粘贴时要把布糊平整，这样后期纳鞋底既平整还省力。

袼褙做好后，得按鞋底纸样剪袼褙。鞋样一般用旧报纸或纸盒板剪成。鞋样只分码数，不分左右脚，正面左脚，翻过来就是右脚。把袼褙放在晾干压平的若干毛竹笋壳上，叠加厚实，用针线略微固定，按"鞋样"大小剪好，做成鞋底坯子。然后"洗底"。用碎布将"坯子"夹在中间，层层叠叠，叠叠层层，均匀分"布"，最外面一层用白棉布包裹，这叫"千层底"。鞋底厚薄要适中，太薄，容易坏；太厚，纳鞋底吃力。再用针线先周边后中间粗略固定，待进一步加工，这就叫作纳鞋底，又叫"吃鞋子底"。

纳鞋底是用针穿上鞋绳密密地纳上针脚图案。最初用的鞋绳是

做布鞋 · 131

△ 针脚细密的鞋底和顶针棍

用苎麻搓成的线，麻线搓好后放在锅里加水和石灰一起煮，煮过之后捶一捶，鞋绳就会变得很白，纳的鞋底耐穿。有时麻线"起毛"了，就用蜂蜡将麻索"过"一"过"，润滑一下。韩三俊说，80年代开始，为了图省事就买线绳了，线绳虽然方便但不如麻鞋绳好。

纳鞋底是个细活，要纳出匀称美观的针脚不是件容易的事。一般先在鞋底最外圈，缝一圈针脚，再从鞋尖一端起头，用针锥扎眼，从反面进针起头、拉线。纳鞋底讲究锥孔正，针脚匀，疏密得当，勒绳要紧。一般脚掌和脚跟部分针脚细密，脚心部分针脚可适当稀疏些。纳一双鞋底，需整整两天时间，那两天人非常辛苦，要使针脚均匀，眼睛和手都很费力。不过，纳鞋底大多在晚上或雨天，白天得干农活。

纳鞋底还得靠顶针箍和锥子，先用锥子扎眼，鞋针入孔后用戴在左手食指上的顶针箍往上顶，而后用手往上拽鞋绳，直至拉紧，一针一针循环往复。顶针箍受力面积毕竟不大，后来韩三俊"发明"了硬木顶针棍，那根硬木棍有三寸长，用起来比顶针箍省力、方便。我们仔细瞧了瞧她用的顶针棍，上面不仅有密密的针眼痕，棍体上还起了包浆。韩三俊说，没有顶针棍，想把针推到鞋底里去是很难的。

采访时，韩三俊和我们说，2000年之前农村新媳妇出嫁都有一个规矩，娘家要陪嫁布鞋，单的、棉的怎么也要十几双，放在漆得通红的木盆中，鞋子有新娘自己的、新郎的，还有公公、婆婆的。布鞋越多越有面子，表明娘家人重视这门亲事，媳妇心灵手巧。鞋子基本上是新娘自己做，也有的是家里亲戚帮忙做。随着时代变迁，现在年轻人都不会做布鞋了，这个风俗也就自然消失了。

鞋底做好后要做鞋帮。鞋帮的面料有多种，但用得最多的是黑灯芯绒，也有用呢子面料的。男鞋多用黑色，女鞋有黑色、红色和一些花纹布。鞋帮同样需要纸样，根据纸样剪鞋面。鞋里儿一般用白色平纹或斜纹棉布，鞋面尺寸要略大于鞋里儿。

要是做棉鞋，鞋里儿和鞋面都要絮棉花，絮棉花得注意厚薄均匀。絮好后，把棉花压实。鞋面用白色布条缝边，和鞋底颜色协调。

鞋底和鞋面完工后，开始"绱鞋（上鞋）"，就是把鞋帮缝合在鞋底上。最后是楦鞋，楦鞋是用鞋模让鞋子定形。鞋楦头是木制的，家里一般有大小若干个型号，分前后两节，前节为鞋尖形状，后节为鞋跟形状。绱好的鞋，将鞋帮喷水洇湿装入鞋楦头，前后两节中间依据空隙大小加入木楔，再用小叮啷锤"打楔"，让"鞋楔子"在里面充实扩张撑紧，然后满饮一口清水，对着鞋口鞋帮鞋底"噗——"喷一下，噗满水雾，有点像"抛光"，再放在房间里晾干。

这些都完工后，再用牙膏或面糊沿鞋边涂上一圈，这样黑白分明，看上去就十分漂亮了。

多年前有一首歌《中国娃》，里面有句歌词："最爱穿的鞋，是妈妈纳的千层底。站得稳走得正，踏踏实实闯天下。"歌曲唱出了国人的文化，国人的情感。千层底会泛黄，但亲人间的情感永远炽热。

屋外淅淅小雨，屋内韩三俊一针一针做着老布鞋，这样的画面憨厚温馨。

岁月流逝中，总有一些老物件让我们一想起就热泪盈眶。

老布鞋，我们记得，这样的乡愁以后还有吗？

文 / 姚小俊　摄影 / 姚小俊

三溪竹篮

三溪集镇上一间不大的店面，里里外外摆满了各种竹编制品，光是竹篮就有好多样式，大的小的，长的圆的，少说有七八种。一位50多岁的大妈坐在店铺门口，聚精会神地编织着手中的竹篮，竹篾在她手中快速地穿来穿去，娴熟的技艺一看便知是位老师傅。

大妈是三溪社区居民张玉兰，从事竹篮编织已40多年。

旌德县竹资源丰富，以毛竹居多。皖南大部分地区的竹制品，大多以毛竹为原料。但以旌德三溪镇为主的竹编，却以水竹（烟竹）为原料，这类匠人称为篾匠。水竹秆高5~6米，秆箨无斑点，韧性好，适宜编竹篮。水竹编织有一个特点，因体力消耗不大，妇女从事编织的特别多。今年59岁的张玉兰，就是其中的一个。

张玉兰生在"竹编之乡"三溪镇上。20世纪五六十年代直至90年代，三溪街上几乎每家每户都有人编竹篮销售，以此补贴家用。

传统篾匠，大都是拜师学艺。三溪水竹编篮技艺，虽然也是师徒传授，但传授方式有点像做鞋、织毛衣，家庭之间、邻居之间相互学习。编织的人多，每家每户都有高手，看得多了，小孩子不知不觉间就学会了编篮子。

张玉兰兄弟姐妹8人，她排行老七。哥哥是家中最早会编篮子的人。在哥哥示范下，张玉兰和其他兄妹两人也学会了编竹篮。那个年代学习编竹篮纯粹是为了生计。

三溪编竹篮采用的水竹，通常在6月份以后上山砍，最好过了白露。当地有个说法，过了白露的竹子，不容易生虫。一般在冬季把水竹砍回家，这个季节竹子里的水分不容易流失。当年的竹子一般不用，比较嫩，编织的东西不耐用。

20世纪90年代前，三溪镇家家户户编竹篮，造成本地资源短缺，导致很多手艺人将取材范围扩大，到周边乡镇去砍竹。

水竹细小，剖篾一般剖三

△ 剖篾

三溪竹篮 · 137

层，取头青篾用来编织。

编篮子分起底、编织、锁口三道工序，细分则有去皮、剖篾等十几道工序。

编篮之前根据大小裁成一定长度的竹子，然后去皮、剖篾。准备工作完成后，第一道工序是起底，然后搭篮子骨架，框架搭好后，开始围边。编织过程以经纬编织法为主。

张玉兰因常年编竹篮，手已经磨得很粗糙。有时丈夫看她编织辛苦，想为她分担一点，但追求完美的她不愿接受丈夫的帮助。竹篮在她眼里不仅是生活用品，也是工艺品。每次看到自己编成形状漂亮的竹篮，张玉兰就像是看到自己的孩子一样高兴。

竹篮围边工作量最大，围边结束后是收口，然后围上圈，绞口，最后编织拎手。正常情况下，一天可以编2只竹篮，按现在的市场

△ 用水竹编织的三溪竹篮

价40元一只，一天只能挣80元。除去人工工资和前期上山砍竹的工夫钱，编竹篮的利润并不高。现在机械化批量生产的竹篮、塑料制品冲击市场，竹篮价格始终上不去，手工编织人员越来越少。500多米长的三溪集镇，销售竹编制品的也就两三家，曾经的"竹篮之乡"早已不复存在。有少量的手艺人在农闲时编一些篮子、畚箕放在张玉兰的店里或其他店铺里请人代销，手艺人锐减已经是不争的事实。

说到手艺传承，张玉兰一声叹息，女儿已去城市发展，年轻人已经没有人愿意学这门手艺了，她也不知道自己的店还能开多久……

文/姚小俊　摄影/孙正勇

竹编

去云乐镇采访是奔着火桶匠去的,不巧的是师傅回米圩采茶了。巧的是火桶匠隔两个店面,有个上了年岁的竹匠正在剖竹子。在三溪镇我们采访的是水竹竹编,那里从事竹编的人多,有点像家庭妇女织毛衣,通常不以"竹匠"称呼。这回遇到了竹匠,我们决定采访一下。

在皖南,竹匠专指从事毛竹竹编的师傅。这个手艺是需要正儿八经拜师学的。

我们冒昧进店,和师傅说明来意,老师傅很乐意接受我们采访。

云乐镇是旌德县最偏远的一个镇,藏在大山深处,盛产茶叶。每年清明前后,茶山上到处是背着茶篓子的采茶人。其间,与采茶人同样忙碌的是集镇上这位77岁的手艺人梅有清。

梅有清是刘村人,16岁跟张村大姨夫学的竹编,边学边干整整5年。学竹编是个苦差事,竹签经常会刺破手。梅有清说,才学时手上经常被竹刺刺破,刺出血了也得忍着继续干,久而久之,老茧出来了，就习惯了。不仅如此，整天蹲在地上编竹器，想站起来半天都直不起腰。也有人吃不下这苦，半途而废。60多年的沧桑，从梅有清那双粗糙的手上就可以看出。

梅有清说，制作竹编首先是选料，3年生的毛竹最佳，不仅好用还出篾。每年三九天上山砍竹，选竹节平直的毛竹，到来年正月底就不能砍了。黄土带沙中生长的竹子最好。梅有清一般年前砍50根左右的竹子，放在阴凉的地方，一个月时间竹子水分只干掉最下面一个竹节，这些竹子够用小半年。云乐毛竹便宜，50公斤才18元。他用的竹子都是自家山上的。梅师傅介绍说，一根毛竹通常能编2个茶叶篓或一担畚箕，如果编一担稻箩要50公斤毛竹。

△ 剖竹篾

不管编什么，首先得根据尺寸选料，然后开始剖篾。毛竹剖篾一般剖8层，能用的是仅靠竹青的头4层。梅有清将篾刀从竹子一端切入，先将竹子对半剖开，然后锋利的篾刀在半片竹子上均匀地划剖开来，一分为二，二分为四地把竹子剖成两半。

梅师傅坐在板凳上，一手持剖篾刀，一手抓住竹条的一端，将刀刃继续往下，顺势滑下，一片篾就从竹条中开始剥离，师傅用脚轻轻踩住篾条的一头，刀刃继续往下，飞快滑到末端，第一层完整的竹篾就跳跃而出，落到他的双膝上。梅师傅这个季节编的都是茶叶篓，有的用竹篾编，有的用竹丝编。经过破篾工序的篾丝变得纤细，接下来就是分坯，这道工序可以使竹丝变薄。

△ 篾丝过刀门

△ 梅有清编的竹用具

分坯之后，就是撕篾。用刀将篾丝切开一个小口，然后用嘴咬住一端固定，用手拿住另一部分，慢慢地向下撕。遇到竹节处，梅有清会放慢速度，减轻力度。最后，一根篾丝被分成了4条。梅有清说，他最多可以把篾丝分成12条。

此时的篾丝已经很细，但厚薄并不完全均匀，这时候就要用上"刀门"。刀门其实就是两块相对而立的刀片，刃口朝内，从上到下，两块刀片的距离越来越小。梅有清用刀门夹将篾丝一端固定住，然后用手轻轻拉动另一端。篾丝经过刀门时，多余的部分就会被刀片刮去。过刀门工序之后的篾丝变得极细，也更加规整，每根篾丝的厚薄粗细一样。若是竹篾，还得上刮刀，把篾上下刮干净。说到刀门、刮刀，梅师傅说现在的铁匠都不会打了。我们问：坏了怎么办？他回答说，自己还有，这辈子够用了。

梅有清说，每样竹器编织顺序都不一样。比如编畚箕先编口子，编成一个平面，然后再收角，固定边框。固定边框用的材料还是老祖宗传下来的芦皮。芦皮现在越来越少，梅有清都是自己上山去采。芦皮使用前先要用水浸泡半小时，绑扎时就变得柔软，这种材料经得起日晒雨淋，不易腐烂。

每年茶季，梅有清光茶篓子就能卖40多个，100元一个，再加上其他竹制品，一年下来竹编收入在万元左右。这对于一位快80岁的老人来说，已经非常满足了。梅师傅说，老伴在的时候，他曾经出远门去打过几年工，现在为照看门户又重操旧业了。两个儿子都已成家，有着稳定的职业，无须他再操劳。可他总觉得要做点自己喜欢的事，一有工夫就做竹编。七八十年代，竹匠的工钱是1.6元一天，那时的竹匠工资比砖匠、铁匠略低。一行有一行的不易，砖匠风吹日晒，铁匠在高温下耗费大力气，竹匠的手都是伤痕累累。

梅师傅的店面是自己的房子，货架上放着用于竹编的各种工具和一些自己编的竹器，每一样工具都记着他与竹篾的故事，每一样竹器都带着他的体温。

随着时代变迁，传统手艺人越来越少，可还有像梅有清这样的老手艺人日复一日地坚守着。这早已不是他们的谋生手段，而是他们对青春的一种纪念，对原生活的一种不舍。

文/姚小俊　摄影/姚小俊

木雕

一直觉得徽派木雕是门神奇的手艺，这种感觉来自木雕本身，它从遥远的时空走来，带着故事，带着思想，带着情感，让我们看到徽派木雕的艺术魅力，也吸引我们去探寻它背后的故事：怎样的一个人，怎样的一双手，完成一件件玲珑精致的作品。

木雕师傅吕能晟是本书最后一个采访对象，我们很早就和他联系过，总没合适的时间，直到书稿发往出版社前一周，才约定采访时间。那天天气出奇的寒冷，我们驱车来到孙村镇玉屏村吕能晟的木雕厂房，车窗外一直飘着雪花。下车见到吕能晟时，我们大为惊讶，我们想象中的木雕师傅应该是位五六十岁、面容老成者，而吕能晟看上去是个30左右的小伙，一脸阳光，和当天的天气有着巨大反差。问过之后才知道，这个看似小伙子的木雕师傅39岁了，长着一张娃娃脸。

吕能晟的厂房在玉屏村村委会对面的山坡上，大卷闸门朝北，这个朝向让当天采访的我们犹如跌入了冰窖，但看着雕有

△ 精雕细刻

"福""禄""寿""喜"图案的一幅幅作品，也就不觉得那么冷了。

吕能晟是孙村人，父亲爱好收藏，他从小耳濡目染，喜欢上了绘画和雕刻，跟着父亲认识了很多圈内人。吕能晟14岁初中毕业后，父亲介绍他去绩溪跟胡善云师傅学木匠，胡师傅不仅是当地有名的木匠，还是远近闻名的木雕师傅。父亲之所以这样安排，是为了让吕能晟学些自己感兴趣的东西，有项吃饭的本领。三年学徒出师，吕能晟一直跟着师傅做些木匠活，闲暇时练习木雕基本功。

吕能晟告诉我们，木雕材料以樟木、柏木、银杏等木料为主，这些材料木纹好看，质地细密柔韧，不易变形。

木雕从技法上可分为镂空雕、浅浮雕、深浮雕、圆雕等。圆雕一般是用毛笔或铅笔把稿子画在备好的木材上，根据画好的图雕刻，圆雕对饱满度、人物神态等要求比较高。浮雕则是把稿子用复写纸复写在木板上，复写时将稿子、复写纸与木板固定好，防止描写的图形出现偏差，对刻工、刀工要求很高。镂空雕是一种结合圆雕与浮雕的木雕雕刻手法，注重线条流畅，通过对雕刻题材的巧妙组合，将纹饰穿透雕空，从而凸显轮廓。

吕能晟的习惯做法是，用铅笔把稿子直接画在备好的木材上，这样做可以在画图案时避开木材上的一些瑕疵，还能在雕刻中充分发挥主观能动性。对胸有成竹的木雕师来说，绘画不是主要的，对整幅作品的把控全在脑中、手里。

木雕行里流行一句话："三年学徒，四年半作。"也就是七年下来，才能算半个师傅。吕能晟从绩溪学成后，先后到北京、上海修

△ 吕能晟的雀替木狮

古建。出门在外，吕能晟跟着身边的雕刻师傅在实践中不断提升雕刻技艺。一有空闲他就看书学习，用他的话说，木雕就是要多看古人留下的作品，看多雕多了，才能雕出好作品。通过20多年的打磨，吕能晟的木雕逐渐形成了自己的风格。2023年，吕能晟被评为"安徽省乡村工匠"。

木雕工序分打粗坯、掘细坯、修光、打磨等。打粗坯即雕刻雏形，这是整个作品的基础，它以简练的几何形体概括全部构思中的造型细节，要求做到有层次，有动势，比例协调，重心稳定，整体感强，初步形成作品的外轮廓与内轮廓。无论是圆雕、浮雕、镂空雕，均要按"由上至下""由前至后""由表及里""由浅到深"的顺序雕刻。从头部开始做到脚跟；先凿前身，再凿后背；从木料表面开始，一层层向内剥进；先凿浅的地方，再凿深的地方。

吕能晟说，雕刻的不同阶段和部位，刀具是不一样的，有中钢、平刀、反口刀、三角刀等，看着他工作台上摆着的一排刀具，我们不由地对这个职业多了几分敬畏。精雕细琢，说的不仅仅是雕刻艺术，更是对这份职业工匠精神的评价。

掘细坯要先从整体着眼，调整比例和布局，然后将人物、花草等具体形态细化成形，为修光留好余地。这个阶段，作品的体积和线条已趋明朗，因此要求刀法圆熟流畅，有充分的表现力。掘细坯时，刻毛发、饰纹要用三角刀，要求运刀爽快、果断、粗细均匀、一丝不苟，这样才能让形象丰满。

吕能晟告诉我们，无论是打粗坯还是以后的细雕，用刀时刀口

△ 吕能晟的木雕花鸟

一定要向外，不要朝向自己的身体，以免不慎"走刀"发生事故，用刀方向要与木纹纹路一致，不能横刻，否则就违背了自然。

修光主要是专注地修去细坯中的刀痕凿垢，使作品表面细致完美。木雕最后一道工序是打磨，先用粗砂纸，后用细砂纸。顺着木纤维方向反复打磨，直至刀痕砂路消失，显示出成品的美丽面容。

吕能晟年纪虽然不大，但木雕生涯已有25年了。2019年，吕能晟回乡创业，在玉屏村购买土地，盖起了300平方米厂房，开始自己当老板。目前，吕能晟的订单主要来自杭州、南京、江西等地，许多客户把老木梁运来定制，一年也有百万左右的生意。平时都是吕能晟一个人雕刻，忙的时候就请绩溪的师兄弟们来帮忙。采访中我们问吕能晟最得意的作品是什么，他告诉我们，是为西湖附近一家民宿雕刻的"西湖十景"，那幅作品花了3个多月的时间，长6米，宽0.8米。他打趣地说，下次去西湖玩，可以去看看。

说起今后的打算，吕能晟有两个心愿：一是希望下一步能成功申报非遗；二是希望能在玉屏村把自己收来的老房子竖起来，在老房子里展示自己的木雕作品。吕能晟之所以选择把厂房建到玉屏村，是因为玉屏是中国传统村落，有着优美的生态环境、丰富的人文历史，还是当年旌德县上海小三线厂最多的村庄。有这么好的资源，吕能晟相信自己的木雕技艺在这片土地上更有生命力，艺术和生活也会在这里得到更好地融合发展。

文/姚小俊　摄影/姚小俊

做火桶

车子在蜿蜒曲折的路上行驶,一路上满目葱绿,40分钟后,我们来到了离旌德县城最偏远的乡镇——云乐镇。

因为大岭头的存在,处在深山中的云乐似乎和外面是两个天地,气温常年要比周边镇村低几度。冬天一下雪,就会大雪封山,居民无法外出。正是因为这种气候,云乐镇的居民至今生活中还离不开火桶。

火桶是云乐每家必备的取暖工具。在湿冷的冬季,坐在火桶里吃东西、喝酒、聊天,是很多人的生活常态,也是远走他乡的云乐人温暖的记忆。把炭火盆放在火桶的最下层,人隔着木板坐在火桶上,温暖从脚底一直传遍全身,再冷的冬天都不怕。

这是我们第二次来到云乐镇找黄长生师傅,第一次赶上他关店门回米圩采茶。茶季一过,我们打电话约好再来。他的木匠铺就在集镇的口子上,店铺墙上写着"方圆木匠店"几个不太醒目的字,算是招牌吧。进店门,火桶、洗澡桶、洗脚盆、木质锅盖等成品一下映入我们的眼帘，进门右手靠墙放着硕大的一个木浴桶，其余的物品摆在店铺里端，中间是黄师傅工作的空间。

今年80岁的黄长生面色红润，丝毫看不出已到杖朝之年。看到他的第一眼，他正拿着斧头在修整木块。说明来意后，黄长生就和我们说起了过往。他小学6年级毕业后就再没读书，好像天生就读不好书，书本上的内容一点都记不住，但对木匠活却一点就通。黄长生说自己没有真正拜过师学过艺，爷爷是当地有名的木匠。黄长生开始尝试着在家做桶匠活的时候，爷爷身体已经不太好了，不能手把手地教，只能靠在椅子上，看着黄长生做，发现工序不到位的，马上指出来，把正确的做法说给黄长生听。

△ 刨板

在民间，人们把做火桶、洗脚盆、锅盖的工匠称桶匠。虽然都是与木头打交道，但木匠与桶匠有着明显的分工，木匠不会干桶匠的活，桶匠也代替不了木匠。但黄长生却是个另类，他不仅是桶匠，也是木匠。做火桶、盖房子、打家具，样样在行，村里人都夸他聪明。

黄长生告诉我们，做火桶一般用杉木，长在石壁上的杉树最好，那些杉木内芯红色的部分多，材质坚固耐用。木材一定要干，一根木料，从开工到做成火桶，需要经过断料、开板、平缝、钻眼、镶竹钉、刨光、做底、光口等多道工序，此后上漆、打箍，黄长生都

△ 黄长生打的火桶

△ 木制浴缸

是自己干。每道工序都有特定的工具，断料用锯，开板用斧子，平缝用刨，刨光用圆刨、小刨，等等。

黄长生总结木匠和桶匠的不同，用了8个字：大木为中，小木为边。意思是盖房子做木工讲究居中，做桶匠活则是以边为中心。做桶的功夫，体现在一块块木板做好后，用竹签将木板与木板之间固定拼接。他说自己做的桶、盆，不管天气多干燥，都不会漏水。以前基本都是上工，东家把木材准备好，请匠人到家做事。黄长生第一次上工是20岁那年，就是给东家做火桶。一般一天半可以完成一个火桶。他做的火桶外形好看，也好用。一直以来，生意都特别好。

我们问那个椭圆形的浴桶，比市场上见到的要大。黄长生说那是客人订制的，过几天来取。就是因为市场上没有这么大的浴桶，加上黄长生的手艺在云乐及邻近宁国市的乡镇都有名，宁国的一位客户特意来订制的。做浴桶花了7天时间，价格是1500元。

黄长生做火桶60年，火桶的样式有圆形和椭圆形两种。圆形火桶一般高60厘米左右，桶内放火钵盛炭火，上面用木制火栅隔开。椭圆形火桶，两头稍高作靠背，供两人对坐取暖。80年代上工做活是1.8元一天，靠着一门手艺，黄长生一家的生活过得还算轻松。

近年来，由于空调和插电式火盆的出现，炭火桶的销售明显减少。现在黄长生一年大概卖30~40个火桶，洗脚盆、锅盖的销售量也少些。他说自己年龄大了，也不能出去找活干，火桶这些商品的价格基本按120元一天的工钱加木料钱计算，一年挣两三万元对他来说也可以了。孩子们早已成家，他现在还能动手挣钱也是为孩子们减轻负担。

黄长生言语中最担心的就是火桶这些手艺难以传承下去，早些年他也带过几个徒弟，现在基本都转行或外出务工了。

火桶是很多山里人童年的温暖记忆。寒冷的冬天，坐在火桶里，室外大雪纷飞，室内温暖如春，好时光轻抚着脸庞，心里有一种极其温馨和幸福的情感在流动，原来下雪的日子可以这般美好。

文/姚小俊　摄影/姚小俊

守艺旌德 >>>

文心雕龙

木活字印刷

走进旌德县版书镇，就被浓浓的木活字文化氛围所感染。镇南广场上塑着一尊王祯像，镇北一排房子的外墙上写着木活字印刷小知识，镇政府临街辟有木活字馆。

"版书"，光看地名就有文化味。

《旌德县地名录》对"版书"的解释是：原名板树下，因盛产木活字印刷用的梨木、枣木、杨柳木，以后雅化为"版书"。

因了活字印刷，才有了"版书"的风雅。

当我们走进木活字印刷体验馆时，"版书"这两个字的内涵就非常直观了。

版书文化站老站长刘欢明解释说，旌德县成为木活字印刷术首发地，是因元贞元年（1295年）王祯任旌德县尹，大德二年（1298年）他主持纂修了继南宋绍熙元年（1190年）之后的第二部《旌德县志》，全书6万多字，首次采用木活字印刷，制出3万多枚木活字。为了方便排版，王祯还发明了"活字版韵轮"，将木活字依韵分门，排列轮上，排版时转动轮盘，以字就人，转轮取字，省工省时。转轮排字盘的发明既提高了排字效率，又减轻了排字工的体力劳动，是排字技术上的一个创举。"不出一月，百部齐成，整齐明朗，一如刊板"。

王祯之后的几百年间，旌德刻工驰骋江南，在刻书历史上创造了一个个辉煌。

版书木活字印刷体验馆再现了木活字印刷的全部工序。

王祯所在时代的木活字，是先在木板上将字阳文反刻好，再一个个锯开成字模的。

以后的木活字，是把枣木、梨木、柳木制成一个个字模，然后将一个个单字阳文反刻好。字模刻好以后，就可以根据文字内容把字模拣排在木板中，并用竹片、木屑进行固定，使每个字都不能动。然后在字模上均匀地刷墨，再把纸放上去轻轻一刷，字就印到纸上去了。

木活字馆中用于研学的字版，有的是已刻好诗文的雕版，省去了排字环节；也可依据内容找木活字进行现场排版。

真正印刷书报，字模成千上万，必须把字模有规律地排好，便于索拣。王祯发明的"活字版韵轮"，就是用来排放木活字字模的。字盘为圆盘状，分为若干格，字模依韵排列在格内。排版时两人合作，一人读稿，一人则转动字盘，方便地取出需要的字模排入版内。印刷完毕后，将字模逐个还原在格内。

△ 版书木活字馆

△ 研学老师讲解转轮检字

木活字印刷 · 163

来木活字馆研学的小朋友，花上几十分钟就可以学会简单的印刷术。先选好自己喜欢的诗文雕版，或者挑选自己喜欢的内容找木活字进行排版，然后均匀地刷上墨，再把纸覆上去，用干净刷子刷一刷，把纸揭下来，一幅诗、画作品就印好了。

版书木活字现已被评为安徽省非物质文化遗产，现实生活中一些艺术装帧考究的书还有少量使用，一些仿古宗谱印刷也在用。与此相关联的版画，还在发扬光大……

翻阅版书，就像是在读一节中国木活字印刷史。

文/方光华　摄影/江建兴

宣砚雕刻

宣砚的年岁，比李白"笺麻素绢排数厢，宣州石砚墨色光"诗还要老好些年。

宣砚石属优质绢云母变质性沉积岩，产于旌德县白地镇洪川村幽竹岭。它生成于距今4.8亿年前的早奥陶纪。石材主要分溪流子石、水坑料和山坑料3种，以黑为主，兼有青绿。子石珍稀难得，水坑质优难采，山坑脉壮匀净。宣砚的特点可以用"润、纯、素"三个字来概括。

宣砚公司的宣砚产品既有手工制砚，也有在传统造型基础上的创新砚。制砚大师张明是手工制砚的代表，黄瑞的创新砚在网络上受到青年人的追捧。

张明老家滁州，儿时就对文房四宝感兴趣，十七八岁开始接触宣砚，后来到歙砚大本营歙县拜师学艺，之后师从国家级制砚艺术大师李铁民先生。他说："第一次看见雕砚，觉得一块石头能变成一件作品，很是神奇。"自己从内心里喜欢这门手艺，于是学起来更加卖力。

一个"85后"的年轻小伙,已获"中国文房四宝制砚艺术大师""江淮工匠""安徽省劳动模范"等荣誉,可以想象他在学砚、制砚道路上付出了多大的努力和艰辛。

宣砚文化园砚工坊二楼有间"张明大师工作室",靠窗是张工作台,台上放着台灯、一方正在雕刻的砚台、凿、铲等工具,右手边是一个用于冲洗的水池。

这里,既是张明雕砚的地方,也是他传艺的场所。

我们在工作室里就手工宣砚聊了起来。

张明介绍说,雕刻砚台外人看起来很粗犷,没什么技术含量。其实不然,它对人的体力、脑力是个双重考验。手工宣砚有9道工序,分别是:挑石选料、构思设计、造坯成型、精雕细刻、打磨美化、刻铭落款、护砚保养、配盒包装、建档防伪。每道工序细分下来,又有几十道小的工序。

首先是选料,工整的砚材已在幽竹岭矿山用电锯锯切成大致形状,自然的石料是子料,两种材料都有一个选料的过程,过水是第一关,看看砚石是否渗水,假如渗水,说明石料有裂纹,那就不能用来制砚。其次是设计造型,手工订制的宣砚要依据客户的要求构思,画好草图,而后用复写纸将设计好的图案一笔一画描到石材上去。自然的石料得相形,利用天然的石相造型那叫巧借天工。

设计砚台的时候,同样是画,有的人几根线条就带过去,有的人能理解透彻,充分利用石料深浅穿插的关系,砚台做得僵硬往往就是因为对其理解生硬不够透彻。不论山水还是像形，每方砚台的图案都有讲究，有图必有意，有意必吉祥。不能随意雕刻，要对中国传统文化、古典文化、地方特色文化有所了解，有所领悟，方能汲取营养获得灵感，外化于图。一方手工砚，简单的可能要雕一个星期，精细的砚台雕半年一年都是有可能的。砚台创作的过程，是一个不断修正、不断完善的过程。

制作手工砚最关键的是雕刻，先用凿子和锤子，在石材上凿出深度和宽度适中的墨槽，然后根据图案来精雕细琢。砚雕方法分浅浮雕、深雕、镂空雕三种，其中镂空雕最难，技艺要求最高，雕刻出的图案最具立体感，用什么样的雕刻方法因图而异。

砚台雕刻完成后，再用由粗到细三种砂纸进行打磨，打磨的顺序先整体后细节。当然，打磨过程中还会有细部的再雕刻，来来回回地反复。

手工砚大多有一道刻铭文的工序，不仅要刻上制砚者、收藏者、铭文者的姓名，有的还要刻上一些与砚相关言志寄情的诗文。铭文多镌刻于砚额、砚边、砚侧、砚背等处，其布局同样是一种美学。

砚是文房用品，手工砚就是要体现文化韵味。张明说：作为一名砚雕师一定要勤于学习、善于学习，不仅要与同行进行交流，还要到别的艺术门类中去汲取营养，读古文、习碑帖、绘图画、看展览等，提升自己的艺术修养。雕砚不能闭门造车，一定要与天、地、人进行交流，多方位思考，才会收获更多。

说到工匠精神，张明说匠人要有匠心，最主要的是持之以恒。

△ 宣砚制砚艺术大师张明

工匠精神就是一个坚持的过程,从自己的行业入手,始终保持谦逊、学习的态度,既然做就要做出好作品,不能做变了味,做走了形。唯有全身心的投入与热爱,才能忘却其中的艰辛与枯燥。

张明从事手工宣砚15年之久,获国家级、省级金奖5项,银奖5项。宣砚文化园展示大厅里,呈现着他的一些作品,如《四水归源砚》《三足寿桃砚》《青铜觚砚》等,个个雕琢精美。其中,《汉砖石渠》荣获中国传统工艺美术精品展"巧夺天工·金马奖"金奖、

△ 宣砚设计师黄瑞

《辟雍砚》荣获"金凤凰"创新产品设计大赛银奖、《太白邀月》荣获中国工艺美术"百花奖"银奖、《三足寿桃砚》获"中国工艺美术文化创意奖"银奖、《提梁卤池砚》获安徽省第七届工艺美术精品博览会"徽工奖"金奖等。跟他学艺的小伙伴们，同样在砚雕上取得了不菲的成绩。

相对于张明，"90后"的市级非遗传承人黄瑞更热衷于宣砚的创新。

对于砚台设计，黄瑞总想在原有的框架中有所突破，最大限度保留砚材的自然状态，用最简单的线条和块面来表达思想。他在新砚设计上不断做减法，去表象，少修饰，最大限度凸显砚石的自然之美。

作品"几何系列砚"，用几何块面表现砚台，收到删繁就简的效果。"自然而然系列砚"，保留砚石自然状态中风雨沧桑的侵蚀感，在工业产品充斥书房的世界里，置一方自然质感的砚台，让书桌顿时充满生机。"工业革命系列砚"，设计中镶嵌金属铜、锡等材料，制作墨海等储存类砚台，融合了砚与金属的精密性，让传统与当下发生碰撞，产生强烈的震撼美，让人耳目一新。

黄瑞的设计理念在网络上受到了"90后""00后"的追捧，这是宣砚手艺再生的魅力之所在。

文/方光华　摄影/江建兴

砚铭雕刻

旌德县宣砚公司有个"张旭辉大师工作室",专事砚铭雕刻,这在制砚行业极其少见。大多数砚家砚铭雕刻,是由雕砚者完成的。相比较而言,宣砚公司的做法显得另类。

走进"张旭辉大师工作室",其布局和其他砚雕工作室相似。要说宣砚公司为何请张旭辉专刻砚铭,那得先说说张旭辉这个人。

张旭辉是旌德县朱旺村人,小时候喜欢看大人刻私章,经常到河滩山脚捡石头一边磨一边刻,随着年龄和知识的增长,刻章的石头自然跟着"专业"起来。兴趣爱好,有的人只是一时兴起,热度上来搞一阵子,热度降了兴趣就烟消云散了。但张旭辉刻章的兴趣却伴随他从少年走过青年、中年,过了花甲之年依然雕刻不止。"择一艺,事一生",这句话对张旭辉而言十分恰当。

说到张旭辉学习篆刻书法,就从拜师说起,20世纪80年代张旭辉进入了韩天衡创办的上海普艺技术学校学习,后拜孙慰祖为师系统学习古玺、汉印及明清流派印,得到李刚田、熊伯齐、童宴方、黄惇等名家指点。2015年，张旭辉加入西泠印社书画篆刻院崔志强工作室学习。60出头的人为篆刻、书法不断地学习还时常南下北上。张旭辉书法、篆刻作品入展西泠印社、中国书法家协会及安徽省书法家协会主办的各项展览20余次，现为西泠印社社友会会员、安徽省书法家协会会员、晋阳印社社员，宣城市书法家协会篆刻委员会主任，被宣城市人力资源和社会保障局授予"技能大师"称号。

张旭辉的人生阅历丰富，他当过乡镇电影院经理、燃料公司经理，还干过建筑材料厂老板。任何时候，毛笔和刻刀都陪伴着张旭辉度过艰苦和快乐的时光。

临近退休之年，张旭辉果断处理掉建筑企业，一心一意转到书法篆刻事业上来。就在这个时候，他受宣砚公司董事长黄太海的真诚邀请出任公司艺术总监，专事砚铭雕刻。张旭辉因此开发了一片新的艺术领域。

张旭辉介绍说，刻铭落款是指在砚台上雕刻铭文及制砚者、收藏者、铭文者的姓名、字号等。

铭文是指刻在砚体上的一些与砚相关的、或为叙事、或以自警、或以纪念或言志寄情的文字，可诗可文，可散可韵，构思精巧、文辞优美、义理深邃。书体有金文、甲骨、篆、隶、草、行等，既有古代碑帖石刻，也有名人名家手记。铭文多镌刻于砚额、砚边、砚侧、砚背等处，集文学、金石、书法、雕刻、造型于一体。砚铭是衡量一方砚人文价值的重要依据。

砚上落款，既可与雕刻的图案配合，起到平稳和调整构图的作

△ 宣砚砚铭雕刻家张旭辉

用,也可与铭文配合补白,调整砚面的气韵和章法。一般来说,落款的内容,可以是雕刻者、收藏者、铭文者的姓名、字号等,也可以是一两句简单的话,以体现制砚师、铭刻者或收藏人的精神追求及情趣,如同书画中的"闲章",表达对砚的理解和感受。

具体到砚铭雕刻方法,张旭辉结合自身实践介绍说,雕刻工具为篆刻方刀,雕刻方法主要有阴刻、阳刻、阴刻阳三种。

阴刻,即用刀将字的笔画一一刻去,其效果如篆刻中的白文。具体方法可分剔底法、双刀法和单刀法。

剔底法,是指用平刀斜入笔画内边,顺笔画刻上一圈,然后用平刀将笔画中间部分剔除,并将底部修平,适合于行、草书。篆书适合用圆刀或平刀刻,笔画凹下成弧形。

双刀法，是指从笔画中间入刀，一边一刀，由上、下、左、右四刀完成。适合于楷书、隶书、篆书，也可用于行、草书。

单刀法，是指依笔画行刀，一笔一刀。可先把字写好，然后再刻，也可以用刀直接刻。单刀法效果极富金石味。一般采用平口刀或圆口刀。

阳刻，是指保留文字，刻去无文字的部分，使文字凸起的方法，如篆刻朱文。阳刻须用毛笔将字写在砚上，等墨色干了以后，用刀将字的外轮廓准确地刻上一圈，然后刻去无字的部分，称剔底。剔底要求干净、平整。此法适合于篆、隶、草各体，一般用平口刀和斜口刀。

阴刻阳，是指以阴刻的手法体现阳刻的效果。方法是用平口刀的一角在笔画的内边解一圈，有笔画相交的地方绕着走，不能将笔画相连处断开。然后，修理笔画中的刀痕，使其光洁圆润有立体感。碑额、牌匾多用此刻法。这种刻法适合表现各种字体。

宣砚砚铭用阴刻法为多，一是便于表现文字，省时出效，历代碑文同样以阴刻为主；二是阴刻能较好地表现笔法，适合拓印，黑白分明；三是整体平面不受损害，益于保护文字。

砚铭雕刻具体步骤大致分三步：第一步将铭文写在纸上，第二步用复写纸复写到砚上，第三步雕刻。

张旭辉刻宣砚铭文，广泛吸收篆刻艺术构图、章法布局和刀法技巧，把书法、雕刻和装饰有机地统一起来，使其达到最好的艺术效果。在书写和镌刻之前，对砚铭的布局、章法、疏密错落和刀法进行反复推敲、设计，砚面结构因形而异，行、草、隶、篆因砚而择，布局得体，和而不同。转折衔接处通常从线外起刀，增加线条的刀味和质感，充分体现真、草、隶、篆的线条美感，作品生动自然、见刀见笔，大大提高了宣砚砚铭的艺术品位。

文/方光华　摄影/江建兴

古法制墨

"旌德古艺胡开文墨厂"藏身旌德县城南门公路旁一方幽静的小院内，地方虽然不大，却是城内最具传统文化的地方之一。说是工厂却没有嘈杂之声，更像一处修身养性的场所。刘禹锡《陋室铭》中那句"苔痕上阶绿，草色入帘青，谈笑有鸿儒，往来无白丁"用在汪春林这里，倒是正合适。来墨厂的人大多是国内外一些书画名家和本地的一些书画爱好者，他们都是为着安徽省非物质文化遗产"古法油烟墨"而来。

汪春林老家绩溪县上庄镇，祖上就以制墨为业。其伯父曾在芜湖胡开文源记墨厂做工，1956年创办了绩溪胡开文墨厂。父亲汪德政在南京墨厂从艺几十年，1963年和6个同伴到旌德开墨厂。汪春林生在绩溪，读初中时到旌德，虚岁14，放学后就跟着父亲打下手，算是学艺之始。1978年汪春林高中毕业，顶了父亲的职进了徽墨厂。当时厂里还招了一批下乡知青，能和老三届大哥大姐一起进厂当工人，汪春林觉得很开心。加上自己以前就在厂里"编外上班"，跟父亲系统学过制胶、炼烟、和料、配方等制墨工序，汪春林在很短的时间就成为厂里的骨干。父亲曾经手把手教过春林"灯盏碗烟"技艺。1984年，旌德胡开文墨厂曾用古法烧制过油烟，可惜只烧了一年多时间，从此无人问津。

"灯盏碗烟"制墨，一直是汪春林的一块心病。换句话说，是一个真正制墨人的职业理想。这个理想，汪春林一直揣在心里，付诸实践时日历已经翻到了2002年。当时，旌德县企业全面改制，汪春林拍下社队企业局一块3450平方米的厂房，以后这里便成了汪春林的圆梦之地，也是"旌德古艺胡开文墨厂"实至名归之地。

到了旌德南门厂区，汪春林稳定好老产品的生产经营后，立刻就腾出精力实现自己多年的心愿：恢复宋代才有的"灯盏碗烟"制墨技艺。

宋赵彦卫《云麓漫钞》载："迩来墨工以水槽盛水，中列粗碗，燃以桐油，上复覆以一碗，专人扫煤，和以牛胶，揉成之。其法最快便，谓之油烟。"

汪春林完全按照古籍上的记载，准备"灯盏碗烟"的厂房、工具、原料，接着高薪延聘退休老艺人，研究古代配方，边实践边摸索，顺利烧制成桐油烟灰，恢复起古法油烟墨的制墨工艺。

"灯盏碗烟"，是当今最古老的制墨人工点烟技法，用于徽墨生产国内仅汪春林一家。其工艺可用16个字来描述：一豆灯火，一缕青烟，覆碗收烟，集烟制墨。

汪春林的古法油烟生产车间位于院子的东北角，是一间漆黑的

古法制墨 · 177

◁ 点烟

屋子，里面除了挂着门帘的一个门洞外，四壁没有窗户，借助天花板上悬挂下来的白炽灯光，才能看清屋子里的布局。车间不过20多平方米，挨着墙壁是一圈茶几高的水泥台，水泥台上整齐地摆放着100余盏烧烟油灯。小屋里墙面、地面、收集烟灰的碗乃至在屋子里工作的师傅都是如墨般的黑色，这种墨黑是烟灰导致。参观的人得小心翼翼，不能碰到任何物件，否则碰哪哪黑。

没有实地看过的人，看到"灯盏碗烟"的一些摄影摄像画面，觉得十分神秘，容易和远古时代的钻木取火联想到一块。若是再现小屋内的工作场景，大致是这样：屋里100多个灯盏分别跳跃着小火苗，每个火苗上架空覆着一个青花瓷碗，通过灯芯草燃油升起的缕缕青烟凝结在碗里，这便形成了烟灰。待到烟灰

古法制墨 · 179

积到一定量时，师傅就会将每只碗里的烟灰刮下来，依序作业，收集在一个大铁盆里，这便是制墨所需要的优质烟灰。所谓"灯盏碗烟"就是指这个烟灰收集过程。

灯盏里的油以桐油、猪油、生漆为原料，桐油得烟多，猪油增亮，生漆出黑，这些原料大都需要订购。白白的灯草要委托亳州药材市场到农户家订购，以圩产长秆、粗壮、吸油力强者为佳；生漆近的采自歙县杞梓里，远的购自重庆；桐油则来自大别山；猪油要自己买猪花油熬。这些东西加上珍稀香料配制在一起，烧出来的熏烟粉末轻如飞絮，只有在封闭的环境里才能收集起来。收烟工作又累又脏，还是技术活。火大则烟粗，且收到碗里的深不过一寸多，烟还会跑出碗外，火小则又无烟。收早了烟小误工，收迟了烟老变红，制墨无光，且黑度降低。这些，全凭师傅的感觉和经验。每一个烧烟工上岗，汪春林都是手把手教。通常集烟工平均每40分钟扫一次烟，一天扫10~12次，不过收四两左右。若是新手，只有二三两。一年下来，烟灰产量也就20来公斤。

古法油烟制墨时令性极强。无论点烟，还是和胶、拌料、杵捣、入灰（醒墨）、成形，对温度、湿度等要求都很高。尤其是点烟，其油料配比及取烟时机要随季节和温度的变化而调适，往往只能在每年的3—5月及10—12月进行。室外温度超过25℃，因为房间不通风，里面点100多个小火苗，温度高得人受不了，无法正常工作。冬天天气冷，出油率低，影响品质，也做不了。

性弱细腻、质地纯正的烟灰收集起来后，并不是马上和料做墨，

△ 轻胶十万杵

而是先摆放两年，待其氧化退火性黑度挥发出来才可以做墨。制墨时为增加墨的性能，还要在烟灰中加入动物皮胶，掺以天然麝香、金箔、冰片、牛黄、熊胆、蛇胆等中草药20余种，以达到黏合、防腐、去臭、增香、增色、增亮的效果，意在使墨能经久、胶力不败、墨色不退，坚如犀石，莹泽丰腴，纹理可爱。

制墨首先要文火熬胶，在拌料缸中将烟灰、辅料、胶放在一起和抖，最理想的是胶成和烟，无一滴多也无一滴少。拌料是用木制墨杵进行搅拌，用杵搅拌要同时有搅与拌两个动作，这个过程十分辛苦。通过反反复复的搅拌，使烟灰与胶及辅料真正做到揉筋入骨。"灯盏碗烟"收集的烟灰本身油性就重，和胶搅拌比制松烟墨更费工夫，"轻胶十万杵"这句做墨行话，用在制"灯盏碗烟"油烟墨上没有多少夸张，从烟黑到墨黑是杵出来、锤出来的。千捶万杵之后上天平，填入模具，铸压成型。光是墨模，汪春林前前后后就刻有1000多个，专门盛放在一个房间内。制作古法油烟墨，汪春林在传统墨模的基础上，还加进了宣城市的地域元素，设计制作了一套"魅力宣城"墨，在省展中获奖。

油烟墨加工成形后的墨条，晾到六成干时方可挫边，挫边后用纸包着继续翻晾，翻晾时需上下左右经常翻转，一直等到墨内的水分全部散发干净，黑度亮度挥发出来。整个过程需整整一年时间，即使制成品还要经过一冬一夏的稳定期。最后才进入描金程序，描上自己设计的瓷碗收烟金色图标，装进古色古香的木盒或锦盒。这样一来，古法油烟墨才如新嫁娘般走进北京、上海等大中城市的文房四宝专卖店，和书画家们见面。

从制烟算起到成为商品走进市场，一块30克重的墨锭，得花整整5年的时间。

墨磨人，这话一点不假。

制墨的每一个环节都是慢工、细活，墨本身还要有一个"修身静气"的造化过程。"千金易得，古墨难求"，既是市场法则也是时间法则。

桐油墨和松烟墨各有什么特点？

宋《墨法集要》云："古法惟用松烧烟。近代始用桐油、麻子油烧烟。衢人用皂青油烧烟；苏人用菜籽油、豆油烧烟，以上诸油俱

△ 灯盏碗烟墨锭

可烧烟制墨。但桐油得烟最多，为墨色黑而光，久则日黑一日。余油得烟皆少，为墨色淡而昏，久则日淡一日。"

　　做了40多年墨的汪春林打了个比方：桐油墨如贤贵命的妇人，才貌兼优，令人垂爱；松烟墨如倾城之貌的美人，人见人爱。接着他拿墨在砚台上边演示边说好墨的特点：外表细腻，光泽度好，还会散发出一股淡淡的麝香，在砚台上转三圈就能产生黑度。"拈来轻，磨来清，嗅来馨，坚如玉，研无声"，在汪春林直观的演示中外行也能体会到个大概。正因其"坚而有光，黝而能润，舐笔不胶，入纸不晕"，才使用其书写的书、画及文献资料达到不霉、不腐、万载存真的效果。

文/方光华　摄影/江建兴

古艺印泥

近年，旌德县汪春林的"古艺印泥"在书画界名声日隆。2021年，古艺印泥又入选安徽省非物质文化遗产名录。

到春林墨厂，腼腆的汪思露接待了我们。说到印泥的前世今生，她的话匣自然就开了。

汪思露介绍说她家生产印泥是书画家们"逼"出来的。因为父亲汪春林生产古法油烟墨，吸引了众多书画家登门造访，征求产品意见时，有不少朋友都问他：为何不研制书画印泥？

书画家们知道汪春林身上有老艺人的精神传承，他来做这种事成功的概率高。

汪思露说，研发印泥一直是父亲的一块心病。

1986年，父亲在集体墨厂的时候，曾和印泥有过一段时间的亲密接触，结果不欢而散，渐渐地连想法都淡了。可当询问的声音一次又一次在不同人的口中发出时，又逼着父亲重新开始思考：我为什么不能生产书画印泥？

生产印泥，无疑是产品横向扩展的一个好机会。

2004年，父亲终于下决心开始古法印泥研制。

用朱砂做印色，《北齐书》早有记载，距今至少1400多年历史。濡朱的出现，对印章的使用而言，是一个划时代的变革，也为后来产生油朱印泥开了先河。印泥虽然不是文房四宝，但在书画家眼里完全称得上第五宝。

清康熙年间歙县人汪镐京研究印泥古法时说："世之言印色者，必本于宣和；犹之乎言墨者，本于易水也。"以宣和印色，比之于易水之墨。1864年，汪镐京生产出传统印泥，取名"红术轩"，并

△ 汪思露拌研印泥

写有印泥制作文稿《红术轩紫泥法》，详细记载其印泥制作工艺与配方。此前，尚无详细的印泥制作法记载。1904年，丁辅之、王福庵、叶为铭、吴隐在孤山创立西泠印社，生产的印泥与红术轩有异曲同工之妙，称之为"西泠印泥"。

在从事徽墨生产的同时，父亲汪春林一直持续关注书画印泥的市场动态并搜集相关资料。研发印泥开始，尽可能利用机会向业内人士请教。2009年初，古艺墨厂开始生产书画印泥。以汪镐京《红术轩紫泥法》为蓝本，以清朝印文为理论指导，总结以往的实践经验，并和吴晓华（印泥生产工艺师）赴苏州"姜思序堂"考察，以"姜思序堂"销售副厂长兼技术员邵国平朋友的身份参观企业生产车间。2010年，父亲又到上海西泠印社向西泠印社理事、书法篆刻家唐存才老师和已退休的印泥制作大师应明森老师讨教技艺。此后，又聘请应明森老师来厂指导。当年，文物出版社社长苏士澍和文物复制中心技术总监赵鲁滨等来厂指导古艺印泥的色彩变化问题，并对纯手工朱砂印泥制作提出了宝贵建议。

汪思露介绍说，传统印泥主要由蓖麻油、朱砂、艾绒三者混合而成。印泥选用黏结力强，冬夏稠度变化小，永不干燥，无腐蚀性的蓖麻油为原料。制作印泥的蓖麻油必须炼制，炼制方法有两种：一是真火炼，即太阳晒；一是凡火炼，以柴煤为燃料。真火炼油，是将油盛入大缸中，上面盖上玻璃板，放在阳光下曝晒。一段时间后，将大缸中的油取出一些放于大瓷盘中，盛油越薄越好，上面盖上玻璃板，防止灰尘落入，经过一个夏天的曝晒，通过紫外线的作

△ 印泥称重装盒

用使油脱色透明，油中的酵素、甘油、硬脂酸等沉淀，挥发性物质和水分蒸发干净。古有"百年陈油"之说，意思是制作印泥的油愈陈愈好。凡火炼油，是用柴、煤作燃料熬制蓖麻油，并在熬制过程中加入中药材辅料，以提高油的纯度，确保钤印时，始终不渗油。

印泥制作的第二道工序是制作艾绒。艾绒由艾叶经过反复煮、晒、搓、杵、捶打而成，以福建漳州和湖北蕲县最佳。买回的艾绒通过太阳曝晒后，放于箩内轻轻揉搓，把残留的黑点、杂质、粉尘一一筛除干净。然后用硼砂煎煮艾叶，除去艾叶中的脂、蜡，再用酒精溶解艾叶中的叶绿素，最后用清水漂洗除去酒精，再曝晒至完全干燥。艾绒具有韧性，吸附性强，能分能合。艾绒用力搓压能合在一起，稍微松拉则又能分开，犹如毛细血管，每根纤维都能附吸油朱，当印章扑打印泥时，由于艾绒的这一特性，能使整缸印泥都随着扑打产生弹性而拉开油朱，不易板结。

印泥制作的第三道工序是制作朱砂。古艺印泥采用的是矿质朱砂，朱砂购自贵州、湖南。如果是朱砂矿石，要进行分层挑选，剔除杂质碎末，选出颜色鲜艳、光泽度好的朱砂备用。而后用石磨将朱砂晶体碾碎、杵细，再加水置于钵中研磨。碾细的朱砂还要放在钵中水漂，朱砂在水漂过程中会逐渐分层，上层为朱漂，带黄色；中层为朱砂，呈红色；下层为沉渣。朱砂研磨细度，必须符合印泥制作标准。漂洗好的朱砂粉，还要去湿晾干，方可使用。选择天然矿产朱砂的印泥，颜色亮丽持久，遮盖率高。

印泥制作的第四道工序是制作泥胎。把朱砂、蓖麻油按标准分量，朱砂全部倒入瓷钵，加入约四分之一，用大的印箸先拌和油、朱砂，然后用瓷杵慢慢拌研。随着不断研磨、捣拌，油朱渐渐混合，直到朱料如润湿的散沙。倒入剩下的油，继续研磨，直到色如红缎，毫无细粒，状如奶油，滴一小撮在玻璃上堆成锥形，静置几天不变形，才可加入艾绒。

印泥制作的第五道工序是拌绒。将称好的艾绒，用小弓轻轻弹松后，以少量加入油朱，用瓷杵轻轻上下捣搭，不可研磨，使艾绒逐渐拉开吸收油朱，并充分融入油朱里。然后再加入一些，如法捣搭，直到艾绒全部投入。捣搭最费功夫，不仅要细心还得耐心，用力要轻缓，以防拉断艾叶纤维。制好的印泥存放在瓷钵中，用盖子密闭一周后进行复拌，使艾绒与油朱完全融合，泄尽捣搭时进入印泥的空气。最后用印试铃软硬度。倘若感觉干了，可加油一两滴，再进行捣搭，直至合适。

印泥制作的第六道工序是称重装盒。印泥装盒分30克、60克、90克、150克、250克、500克不等，称好分量的印泥还要进行最后一次捣拌，方可下缸，密封包装，至此印泥制作完成。

传统印泥生产看似简单，但每一个生产步骤和环节都十分讲究、精细。对外部环境要求极高，需要在无尘、恒温、恒湿的环境下生产。无尘是为了不让灰尘进入印泥，保证印泥颜色品质纯正，恒温、恒湿是为了保证艾绒与蓖麻油的品质，空气中的湿度含量过高会使艾绒产生霉变，蓖麻油纯度下降，影响产品质量。

印泥生产出来后，还经常请专业人士试用点评，而后加以改进，直到2012年产品才进入市场。"古艺印泥"，泥质细腻、紧致，黏度高、弹性好，上石上章容易，白文不留白，朱文不涨线，印文还原度好，立体感强。色泽儒雅古朴、沉稳，历久不变，填补了安徽印泥生产的空白，堪与"西泠印泥"和彰州"八宝印泥"比肩。

"古艺印泥"还独家调制了具有代表性的仿清宫廷古色印泥，在《红术轩紫泥法》染砂法的基础上，掺以家传古方和名贵中草药等。印泥色泽深红透乌，净亮，古色古香，在宣纸上呈现出良好的立体感和厚重感。北京、山东、杭州、上海等地的文房四宝店都有"古艺印泥"销售专柜。2014年10月，"特制朱砂印泥"在"安徽非遗·文房四宝专题展"上获金奖。

生产"古艺印泥"的汪春林父女还有一个想法，就是以真金制造金粉印泥，彻底解决普通金色印泥因时间长氧化的问题。

一寸印泥一寸金。在印泥研制上，市级非遗传承人汪思露成了一名执迷的追梦者。

文/方光华　摄影/江建兴等

旌德漆画

走进旌德县文化馆"旌德漆画"工作室,江强宏正在创作漆画。聊起旌德漆画,是从他父亲江延根开始的。

江延根是旌德知名的农民画家,早年因建设新安江水库从浙江淳安移民旌德县孙村镇猴形湾。江延根年轻时以漆匠为业,最早的漆画作品出现在他给农家漆的婚床和家具上,题材大都是民间喜庆故事。其漆画成名作,是1983年参加全国农民画展的《今日山村》。以后,江延根在创作诸如《九华胜景》等年画作品时,就融入了漆画重彩的技法。

江强宏20世纪80年代初高中毕业后,因曾学习绘画、书法,在旌德县电影院从事美工,后入县农业银行从事宣传工作。以后,聘到县文化馆从事书画普及工作。江强宏的漆画技艺,源自父亲的言传身教。在漆画材料使用上,江强宏在实践中有所创新。

说到旌德漆画的源流,江强宏介绍说,漆画是传统绘画和漆艺结合的一种民间美术形式。通俗地说,就是用"漆"作画。早在南宋时，旌德漆工就利用当地生漆拌绿松石、丹砂、珊瑚、石黄等有色矿与动物胶混合制成菠萝漆，用以制作砚盒、笔筒、花瓶等，工艺精细、雅致大方。

  旌德漆画起源于民间，受江浙漆画影响，运用古老的装饰技法，将绘画与髹漆相结合，形成技艺娴熟的彩绘漆画。彩绘就是用漆在加工好的漆板上直接描绘，不做任何罩漆、研磨、推光等。旌德漆画，20世纪六七十年代后得到长足发展，流传至邻县绩溪、太平等周边地区。以江延根为代表的一批民间艺人，在传承古代彩绘漆画技艺的基础上，融合写实油画特点，把彩绘从单纯装饰美化漆器转

△ 画漆画

化为欣赏审美的工艺美术作品。

旌德漆画制作工具及程序和一般绘画区别较大。在江强宏漆画工作室，我们见到了那些与众不同的绘画材料：画板、清漆、石膏粉、五彩调和漆、煤油、无籽棉、木砂纸、绘图纸、复写纸等。

江强宏逐一给我们介绍了各种材料的大致用途。

画板又称胎板，可用木板、复合板、有机板、金属板、油画布、瓷盘等，其中木板最为常用，类同于绘画纸。

清漆，主要用于调拌石膏粉，刮胎板底子。

石膏粉，打底子时与清漆拌和使用。

五彩调和漆，指红、黄、蓝、黑、白五种基本色漆，用于画板底色和漆画着色。最初，旌德漆画用的是天然大漆，俗称"土漆"，是从漆树上采割下来的乳白色胶状液体。大漆色泽典雅，经久不变，耐老化。但使用大漆时，一些人容易产生或轻或重的过敏症。有了五彩调和漆，工匠们逐渐用它替代了土漆。调和漆质地较软、均匀，稀稠适度、耐腐蚀、耐晒，遮盖力强，耐久性好，使用方便。

煤油，作洗涤剂，揩清用；也作调制（稀释）油漆用。

无籽棉，即药棉，用于蘸煤油擦拭和揩清油漆，清洗笔刷。

木砂纸，俗称砂皮纸，用于制作胎板时打磨板面。

绘图纸，用于画草图。

复写纸，用来将纸上的草图复制到画板上。

此外，绘制漆画的工具还有毛笔、油画笔、调色盘、直尺、铅笔、小刀、炭棒、橡皮等。

△ 漆画《灵芝之乡 养生天堂》

旌德漆画 · 195

说完工具，转到漆画绘制工序上，江强宏介绍说漆画制作在完成制画板、做底胎、上底漆等准备工作后，主要有画草图、着色、装饰三大步骤。说着说着，他走到一块创作了一半的山水画板前，一边演示一边说。

创作漆画，首先得根据自己的创作意图构思作品，在绘图纸上白描草图，然后将草图复写到画板上。第二步是用五彩调和漆对作品进行着色。漆画最常用的技法是描绘，根据题材需要可以单色，也可以复色；可以平涂，也可以渲染；可以纯用线条，也可以线面结合。着色顺序从暗部（背光部分）开始，由近到远、由主及次。精细的地方用细笔，粗犷的地方用粗一点的笔，画大面积的地方还可用排刷。

漆画是由千千万万个"点"点成的，这个"点"点成的是苔斑、是树叶、是森林、是远山。用"点"作画时，一般选择秃一点的油画笔，在调色盘中将漆调好后直接点到画面上。点苔点，要少而清，有聚有散，尖圆并用。聚，则十点八点；散，则三三两两，大小相间，乱中见序。色彩要有变化，近深远浅。

漆画的另一个特点是可重复堆叠着色。每次叠加着色时，要等上一次漆干透后再叠加，不要急于求成。着色完成后，还需进一步推敲、修改、加工。要大胆落笔，细心收拾，反复修改，直到满意为止。

漆画画完之后，第三步是装饰。即对画在木板或油画布或瓷盘上的作品，制作合适的外框或架子，达到美化、方便悬挂或摆设的效果。

在江强宏漆画工作室，我们看到他画在画板或瓷盘上的画作，大都取材于旌德的山水村落、楼台亭阁、花鸟草虫，寓意丰收、喜庆、祥和，作品色彩艳丽，构图丰满，雅俗共赏，迎合了老百姓的审美情趣，受到老百姓的青睐。

2014年，"旌德漆画"被列入安徽省第四批省级非物质文化遗产名录。江强宏还将旌德漆画的源流、制作技艺整理成《旌德漆画与技艺》一书，经安徽省美术出版社出版发行。为使旌德漆画更好的传承，在政府相关部门的重视下，江强宏把旌德漆画非遗文化带进了校园，让孩子们近距离了解、体验漆画。央视科教频道《中国影像方志·旌德篇》和《探索发现》及《安徽非遗》都有"旌德漆画"的精彩镜头。与此同时，旌德漆画也走进了各级民间美术展厅，走

△ 画在瓷板上的漆画

进了长三角地区艺术展会。江强宏创作的旌德漆画，成了旌德文化旅游的一张亮丽名片。

告别漆画工作室，我们由衷地祝愿"旌德漆画"能在旌德的土地上开出更多绚丽多姿的花朵。

文／方光华　摄影／江强宏等

书画装裱

毕顺生是1989年受旌德县图书馆馆长赵家瑶聘请携家带口来旌德从事书画装裱的，当年的裱画室在营坎路老图书馆三楼。这么一算，毕顺生在旌德从业34年了。

以后，毕顺生的装裱店随住房改变，搬到了老菜市场附近文化局宿舍，毕顺生在那里以店为家从事书画装裱和青少年书法辅导。

毕顺生出生在歙县牌坊群所在的棠樾村，他家算得上是书画装裱世家。父亲毕德修新中国成立前曾给驻扎在皖南的国民党上将唐式遵鉴定过书画，新中国建立后一直在歙县博物馆从事文物鉴定和书画修复工作，是省文史馆馆员。毕顺生大弟弟也一直在歙县从事书画装裱工作。

经过旌阳一小对面一排卖杂货的店铺，中间左拐就到了文化局宿舍。毕顺生家住一楼，客户来装裱书画很方便。什么时候到他家，都会让人感觉别有洞天。房子朝南的客厅是工作室，四周都用三合板装饰成裱画板墙了，那上面不管什么时候都有正在装裱着的书画作品，大大的案台上有时还摆放着许多尚未完工或是还没进行装裱的作品。

书画装裱在中国起源于宋代，是随着书画的兴起而兴起的。其方法和作用不仅仅是装裱美化，还有修复保护，即对那些有所损坏的书画作品进行修复，使其重现生机。

随着历史的演变，裱件为适应不同地区、不同阶层的审美要求，明清时期相继出现了适应不同地区的装裱流派。主要有苏裱、京裱、沪裱、扬裱。徽州的书画装裱风格早期学苏派、扬派，后期学沪派较多，以淡雅风格为主。

民间形容书画装裱有句俗语是：两把刷子几把刀，一盆糨糊半瓶胶。

其实，书画装裱的学问大了去了。

毕顺生介绍说，书画装裱程序烦琐，细分的话有几十道，打糨、托芯、配料、镶接、覆背、方裁、砑光、装杆、挂绳或镶框等。

书画装裱有句行话，看一个人水平高低看他打的糨。糨分很多种，南北有别。北方人用小粉糨，剔了面筋的；南方人用的叫面糨，老话叫老虎糨，用富强粉直接冲，就跟调糊似的，拿温水调比茶汤稠。里面要放一点矾，一是漂白，二是定型，三是防腐。

毕顺生说当年跟父亲学裱画，打糨就是基本功。要打好糨不容易，没有两三个月打不好。打糨不仅要掌握好比例，重要的是靠眼睛和经验，打得越多经验越多。别人打得好，比例数据告诉你也没用，不亲手打都不行。不只是水和面粉比例，还有放多少明矾，与

△ 托画芯

气候也有关系。冬天和夏天，底水温度都不一样。底水凉了，天气冷，就打不熟。打生了不黏，全熟了也不黏。火上熬熟的糨子不好用，好用的糨子是人手打出来的，70%~80% 的熟。打得多就知道了，熟了里面没有面筋。

具体到书画装裱，毕顺生说主要有三道工序：托、裱、装。

托，是书画装裱的第一道工序，也是关键性的工序，是镶的基础。简言之，两层以上材料的黏合谓之托。具体讲，是指画芯与纸的黏合、纸与纸的黏合、绫绢与纸的黏合。

裱，是指将托好的画芯方裁后，在其周围用绫、绢、锦（或纸）等装裱材料镶嵌起来，并且覆背加厚的工艺过程。

装，是指对已覆背、贴壁挣平后的裱件，启揭下壁后砑光、装轴杆的工艺过程。

毕顺生在向我们介绍的同时，亲自演示起书画装裱中最重要的工序——托芯：将一幅已完成的画作平铺在装裱台上将其喷湿，用棕刷蘸薄糨将其刷平，排尽气泡，然后在画纸的背面覆上一层宣纸，小心刷平整，再在其四周涂上厚糨，放上起口纸，用左右手同时夹住书画小心提起，上墙……至此为止，托芯完成。

上墙后的画芯需等待数天，当画作阴干后揭下来裁边，用纸、绢、绫等镶边，然后用鹅卵石在其背后均匀砑磨、上蜡，最后安装轴杆才告完成。现在单元房大多将书画装框、装轴杆、挂绳的步骤自然免了。

毕顺生说，现在装裱材料已经多元化，有了机器装裱，但要装裱好一幅书画作品，得讲究质感。

糨、颜料、画杆、绳、带是材料，纸、绢、绫、锦也是材料。装裱的工具有裁刀、裁板、裁尺、棕刷、排笔、竹启子、针锥等。传统装裱要讲究天气环境，以恒温最佳，不能暴晒，阴雨天气也不宜。

毕顺生从小耳濡目染，中学毕业后跟着父亲学习书画装裱。17岁时，就能单独作业，同时还学画画、写字，为后来专事书画装裱奠定了基础。成家以后，妻子跟着他打下手，久而久之也成了装裱行家里手。要说毕顺生的装裱工龄，早超过50年了。

毕顺生说裱新字画算是常规动作，高难度的是补、修老字画。修补老字画没有三五年的学习，是干不了的。

古书画的修复步骤很多，最核心的是四个字：洗、揭、补、全。

洗，字画如果不是特别糟，可以直接上排笔按压洗，用干净毛巾吸走脏水，反复操作就行了。

揭，是书画修复的关键。修复时先揭褙纸，褙纸后是命纸。命纸，顾名思义，关系书画的性命。命纸紧挨画芯且特别薄，揭命纸时，稍有不慎将揭掉画芯，造成无可挽回的损失。有时得靠手指轻搓慢捻，捻成极细的小条取下，有的画要揭一两个月，过程枯燥，光有技巧还不行，还得拼耐心。

补，揭下旧命纸之后，拿一张新的命纸托住画芯，画芯缺失处要补，断裂处贴折条。纸本跟绢本的补法不同。纸本为隐补，托完画芯之后，找厚薄一致的纸张补上缺口，补完后把命纸顶上去，填补了画芯的缺失。补完外边要刮口，接触面刮成斜坡，不能有硬突，否则卷起来会硌画芯。如果是绢本，就要先补后托，即先拿绢补好，再托命纸，同样也须刮口。

全，通常指全色及接笔。后补的纸绢比原来颜色要浅，全色是将其跟原先颜色找齐，不露痕迹。接笔，是指接续画意缺失处。

1978年，毕顺生在歙县博物馆接受了一件修补仇英的绢本花鸟画的工作。那幅画被洪水浸过，粘在一起，很难打开，看了让人头皮发麻。毕顺生像绣花姑娘一样小心翼翼地一层层掀开，一刀刀落实，一点点修补，花了3个月时间才将此画补成原样。以后他还补过吴昌硕的《牡丹图》，修裱过李苦禅、林散之的书画作品。到旌德后，20世纪90年代毕顺生修补过一件清代宫廷画家蒋廷锡的绢本花鸟画，画芯绢面老化严重，他从清洗到修补全笔花了2个多月时间。现在年纪大了，加上妻子在宣城带孙子，修补老画的活只能暑假时接一点，因为那个时候妻子回到身边，自己不需要忙家务了，才能静心修补。

毕顺生曾经也将裱画的一些基础工序教过儿子，但儿子有自己的工作，子承父业的希望小而又小。

毕顺生酷爱装裱，依旧对手工书画装裱持乐观态度，认为现代文明与艺术同样息息相关，书画装裱照样会传承、创新。

文 / 方光华　摄影 / 方光华

刻字

走进和顺御府曹乐平先生工作室，我眼前一亮，墙上挂着多幅现代刻字作品，每幅作品均集书法、镌刻、美术为一体，给人一种崭新的视觉效果。工作室中间是两张硕大的旧办公桌拼成的工作台，台上摆放着写字、刻字的笔墨及待刻的木头。

旌德县是元代农学家王祯首创木活字印刷术的地方，也是明清出一流刻工（又称"剞劂匠"）的地方。我们一直想找与刻工有关联的行当，偶然的机会看到曹乐平先生给人刻的匾额，于是联系采访，想看个究竟。

曹乐平先生退休刚3年，退下来后换新居就在新居一楼买了几间车库加杂物间，装修成了刻字工作室。这里自然就成了他的精神栖息空间，不是写字就是刻字。

现代刻字已列入"大书法"的一个门类。曹乐平先生20世纪80年代在江苏南通当兵时就爱好书法，这个爱好一直延续了40多年。从写字转到刻字，是21世纪初的事情。说到刻字，曹乐平先生风趣地说，自己有个外号叫"曹石匠"。当时的大理石厂有机器电脑刻字，还经常请他刻碑。一块碑得刻一整天，主要以刻隶书为主。他说在花岗岩上刻字，就像刻棉花，十分吃劲。自己正儿八经从事现代刻字是在2007年其作品参展"安徽省首届现代刻字艺术作品展"并加入省书协后的事。曹乐平先生的刻字作品，以后多次出现在省、全国及境外现代刻字展览中。

曹乐平先生说，现代刻字艺术集书法、镌刻、美术为一体，创作过程还是挺复杂的，说是手艺还真不为过。

◁ 制墨稿

△ 刻字工具

　　刻字的第一步是制墨稿。制墨稿实际上就是构思创作书法作品，这一点就比古代刻工要求高。写在宣纸上的书法作品，先用拷贝纸拷线条，拷好的线条再用复写纸写到要刻的木板上去。

　　第二步是粗刻。现代刻字大字讲究笔画衔接，笔画压笔画。粗刻需用大刀，要刻到木板的三分之二。作品的木纹、质感，都是粗刻时需要考虑表现的。这个活没有点力气干不了。

　　第三步是细刻。除了大字，现代刻字讲究书法布局和意境，谋篇布局中诗文及落款均用小字去体现，这些字真、草、隶、篆都有，刻法是阳刻、阴刻兼具，每个字的笔画都得细刻，不可马虎。

　　第四步是精刻。线条的修补、残渣的清理都在这个时候完成。

　　第五步是上色。现代刻字讲究平面构成、立体构成、色彩构成、造型特点、刀法肌理、文化品位等要素。颜色的运用算是画龙点睛

△ 刻字作品《悟道》

的一个环节。刻字上色的材料用的是丙烯颜料，底色（一般是黑色）做好之后，需调色，调色要浓淡适中，上色大半干时再上一层，一件作品要上十几二十次。

第六步是装裱。刻字作品是木块，可装裱也可不装裱。需装裱的作品一般体积略小，只需用螺丝镶嵌固定在合适的画框中就行了。

现代刻字应用到现实生活中，除了当书法作品用于室内美化，还可做成匾额、对联，那种韵味比纯粹的书法匾额更为苍劲古朴。

辞别曹乐平先生时，我们衷心祝愿他"叩刀问板"的艺术之花，愈来愈多地出现在旌德寻常百姓家。

文 / 方光华　摄影 / 方光华

剪纸

一把剪子,一把刻刀,一叠红纸,这就是徐政的乐趣所在。

今年53岁的徐政,出生在庙首镇里仁村兰塘村民组。3岁那年,他患上了小儿麻痹症,腿不能正常行走,需要依靠拐杖。虽然经历了不幸,但徐政很乐观,看上去并没有实际年龄那么大,岁月似乎并未在他身上留下很深的痕迹。采访中徐政总是乐呵呵的,说起剪纸,滔滔不绝。

徐政最初接触剪纸是小时候,奶奶经常拿着红纸剪"囍"字和花卉,徐政看着奶奶把一张纸剪成各种图案,就十分入迷,就缠着奶奶教自己剪。同龄的小朋友

△ 徐政剪纸作品

都在外面追逐玩耍，行动不大方便的徐政只能安安静静的待在家里，画画、剪纸成了他快乐的源泉。

高中毕业后，徐政在村子里当上了一名民办教师。当时村小学老师紧缺，一名老师要教好几门课，徐政因为喜欢画画，自然而然兼任了美术老师。教画画的同时，偶尔也教学生剪纸。起初，徐政只会剪一些简单的图案，因为要教学生，得丰富自己的技法，渐渐地他也尝试着剪一些复杂的图案。他先是在一些老书籍和古建筑上找图案，在纸上画出来，然后开始剪。

通常来说，剪纸技法主要有：剪、铲、刺、贴。

剪，是指将各色纸折叠后下剪，剪成各种图案，通过折叠剪成的图案都呈对称分布。

铲，就是在纸上刻铲图案。

刺，则是用针或铲刀尖在需要刺的图案边缘，浅刺一两路针眼、刀痕，以表现花叶的边和鸟的羽毛等。

贴，是把剪好或铲好的图案贴在另色纸上，以凸显画面的美感和立体感。

徐政说，剪纸不必非得遵循特定的技法，也没有特定的工具，只要感觉合适，使用什么工具都行，能剪出来好看的图案就算是成功的剪纸。

徐政刚开始剪复杂图案时，经常失败，剪出来的图案和自己想要的不一致。但他并不气馁，他有着天生的一幅好性子，不慌不急，剪不好的时候就放一放，歇会再剪。每次外出，徐政都会去书店找

△ 剪纸作品《守初心 担使命》

一些关于剪纸的书籍，后来有了互联网，他就利用手机学习。由最初只会用剪子剪，到后来学会了用铲刀等工具辅助。最复杂的一幅作品，徐政差不多花了近半年的时间。

采访徐政那天，他在自家小院盛开的梨花树下，正聚精会神地剪一个花瓶，只见他右手执小铲刀，左手按压纸张。剪纸的过程中他一会儿用铲刀，一会儿用剪子，用具不断交替使用。看他专注的样子，好像我们都不存在，完全沉醉于自己的剪纸世界中。用徐政的话说，剪纸是一个特别细致的活，不能有丝毫分心，一不小心就可能前功尽弃。

徐政说剪纸和写文章一样，构思很重要，每次创作新作品前，他都要先出去写生或者看看书，然后构思布局，画图定稿，最后才在纸上剪刻。

徐政的剪纸技艺越来越成熟，作品题材有花卉、动物、风景、神话故事……徐政家里珍藏着一本厚厚的作品集，村里给他设置

△ 徐政在剪纸

的"非遗文化"工作室里有满墙装裱好的作品，这些都是他30年的心血。

徐政曾荣获宣城市第二届残疾人职业技能竞赛暨安徽省第十届残疾人职业技能竞赛选拔赛剪纸比赛第二名。剪纸技艺还被列入县级非遗名录。

徐政现在成了庙首镇的"红人"，周末和寒暑假孩子们都会到"村情馆"或镇里的"新时代文明实践所"找他学习剪纸。和孩子们在一起的时光总是美好的，看着孩子们认真剪纸的样子，仿佛看到了儿时的自己，也看到了传统手工艺的希望。

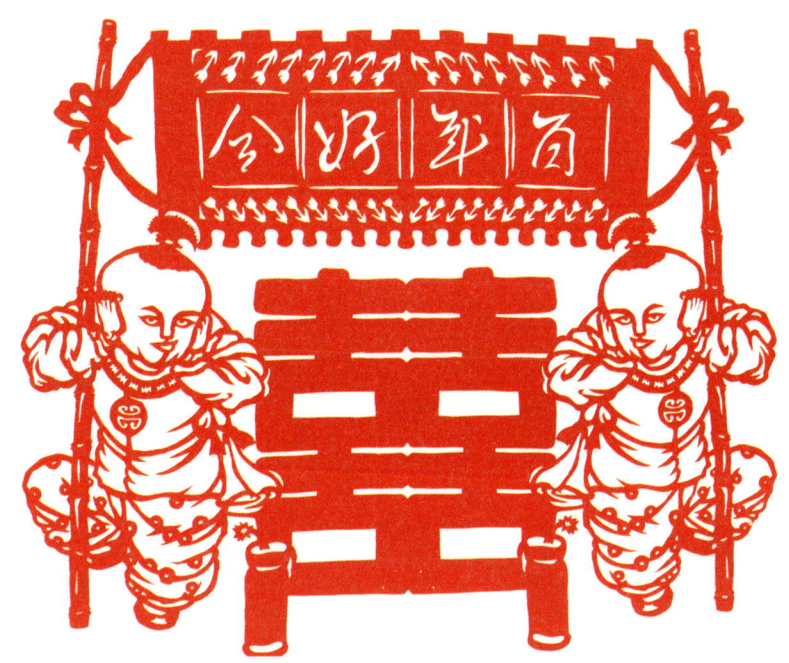

△ 剪纸作品《百年好合》

采访结束时，徐政说，自己剪纸虽然不能产生经济效益，教孩子剪纸也是免费的，因为喜欢，会一直坚持下去。能把自己的审美通过剪纸表达出来，是一件很幸福的事。

文/姚小俊　摄影/汤道云　李晗

农耕雅韵

守艺旌德 >>>

种稻

白地镇汪村岭下村"云上梯田"种植的油菜花和水稻，因为摄影人的独特视角登上了《人民日报》及人民网、新华网，在油菜花季岭下村自然成了网红打卡点。

岭下村有位叫范德斌的老人，今年73岁，如今是村子里唯一养牛耕田，用稻桶打稻的农民。

2023年6月1日下午，我们在白地镇人大主席、摄影家江建兴陪同下去村子里拜访这位真正的庄稼汉。

岭下村介于铁帽山和黄会山之间的谷地中，农家就坐落在田地之间，要说历史可能要数百上千年。始于唐宋之时的徽宁古道（今称"旌歙古道"）就在岭下村西边不远，一百多年前骡马运粮的声音仿佛就在眼前。20世纪90年代，还有白地人用骡马驮余粮走古道到许村去卖。

因为事先有电话联系，我们车子刚停下，就看到一位穿汗衫卷着裤脚花白头发的长者已在自家房子边的路口等候。我们跟着长者

△ 犁田

往前走几步，就见坦上系着两头黄牛，老范指着其中一头说犁田的就是这头。离牛不远的空地上还有一个很少见的稻草堆，往前走几步就到了老范家。房前没有砌院墙，四周拉上了绿色的塑料网，老范说是防止养的鸡到家里来。老范家正屋两层三间，大概是20世纪七八十年代盖的。堂前一对粪箕里放着连禾的干大蒜，四方桌边上尼龙袋里装着刚收进家的油菜籽。我们找了一条长板凳坐下来聊种稻的事。

范德斌介绍说，他们夫妇俩种了14亩田。这些田是过去一家5口的责任田。他15岁开始学种田，20岁开始学犁田。自从20世纪80年代初开始种责任田到现在，40多年来他们家一直养牛耕田、手工插秧、手工割稻、打稻，在村子里独一无二。这样的人，在有着

"徽州粮仓"之称的旌德恐怕也是数一数二了。

在我们看来犁田是项技术活,老范说来很轻巧。他说犁田只要把犁尾巴扶稳当就行了,不管是以前的木犁还是现在的铁犁。牛拉犁,只要扶稳犁把,手摇鞭子赶牛,控制犁刀在淤泥中直线前进,不被带歪。犁一亩田,他只要2小时。犁完之后是耙田,头遍双耙,一去一来,把犁好的田碎土、推平,还能翻盖绿肥、起浆。耙好之后是耖田,耖田一定要平整,若不平整,水就走得不均匀,稻秧就可能沤死或旱死。

范德斌种了五十几年田,一直是手工拔秧、插秧。每年插秧季节让女儿回家帮忙烧饭,老夫妻俩栽秧,2天栽1亩。手工栽的秧,人工割稻整齐、方便。用稻桶打稻,稻子匀净,稻草完整。

▽ 插秧

△ 打稻

△ 打稻 割稻

我们问老范养牛可麻烦？他笑着说习惯了。他家的牛不牵出去放，草透青的时候，他割草喂牛，冬天就用萝卜、山芋外加稻草。母牛通过人工授精生小牛，一只接着一只养，既保证有牛耕田，耕不了田的牛杀了卖肉同样是一笔收入。

范德斌家一年卖稻5000公斤，每50公斤收购价仅120来元。多余的就家里人吃加喂牲畜。一年种田的成本种子、化肥加在一起要2000多元。

范德斌总是年复一年的种稻，养五畜。作为一个传统农民，只要身体许可他的田就会一直这么种下去。

我们起身告辞的时候，走出大门看了看房子前后的旱地，居然在房子的右手边发现了一块不小的苎麻地，麻已经长到一人高了。老范说端午前后麻秆发红就能收刮了，村子里现在只有两家有麻，八九十年代他家种麻总在两亩左右，那个时候家家有麻。那种景观在旌德已消失十来年了。房前一大块油菜地，老范说用来栽山芋，农家过日子什么都得有。

像范德斌这样勤劳而传统的农户，我们打心眼里敬重。只可惜像他这样的耕作系统，前面的路可能不长了。

文/方光华　摄影/江建兴

剥麻

旌德县唐代就有"麻城乡"乡名。元代王祯《农书》、清代嘉庆《旌德县志》均有种植苎麻的记载，可见旌德种麻历史之悠久。

20世纪50年代以前，旌德民间苎麻多自用于搓鞋线、制麻绳，全县种植面积仅28亩。至70年代末全县产量189吨。1985年后，因国际市场麻纺品紧俏，国内麻价普遍暴涨，苎麻市价高达16元／公斤，大大刺激了农民的种麻热情，全县出现"苎麻热"。1987年种植面积由1984年的5000亩激增至36900亩，总产达4089吨，以庙首、乔亭、白地、旌桥4个乡镇最集中，是全国7个重点苎麻产地之一。以后全县先后办起五家麻纺企业，苎麻种植面积随着市场收购价格波动而增减。2010年以后，苎麻种植日趋稀少。

当我们对全县手工艺进行田野调查时，在90%的镇我们都没有看到麻园。只是在白地镇汪村岭下组采访种粮户范德斌时，才发现村里有两户人家地里种有苎麻。这个熟悉的画面让我们顿时产生亲切感，似乎见到了多年不见的亲朋故旧。

△ 打麻机剥麻

本计划头季苎麻剥麻时去岭下采访，电话联系的时候范德斌说他家已经剥过了。我们只好期望第二季收获时，补上这一课。

苎麻旌德本地品种叫"旌德青"，纤维支数可达1984支。苎麻种植发展过程中先后引进圆叶青、湘苎1号等品种。旌德麻纺企业的终端产品是精干麻、麻条和麻纱。

岭下村潘万年家种的苎麻还是老品种"旌德青"，74岁的他种麻有40多年历史了。他家种田9.2亩。苎麻种植高峰的1986年，潘家一年种3亩多地，三季能打400多公斤麻，每公斤单价16~20元，光种麻就成万元户了。潘万年说，那时候旌德只要种麻的农户，男女老少都会刮麻。后来苎麻行情起起落落，直至现在种植稀少。潘万年家，现在每年两季还能收70公斤，价格20元/公斤，仅千余元的收入。他说地闲着也是闲着,人闲着也是闲着,苎麻每年只要管理管理就能收一点。

剥麻,有的地方通俗地叫"打麻",叫法不同与收割苎麻动作有关。苎麻长在地里要等到秆子发红才算成熟,那时已经一人多高了。收割时许多人会拿根小竹子抽打掉苎麻叶,所以说是"打麻"。苎麻的有用成分是麻纤维,必须把它从麻秆上剥下来,还要将外面的胶质表皮刮干净,所以有"剥麻"和"刮麻"两个词。

传统收割苎麻的方式,是在地里把麻皮剥下来挑回家,浸到河水里或者家中澡盆中,刮皮的时候拎出来。刮麻最简单的工具就是把锄头反过来固定在长板凳上,将麻脱皮面放在锄头口上,用有护

▽ 刮麻

△ 晾晒

套的大拇指抵住一拉，那层胶皮就被清除干净了。另一种工具是手刮子，戴在拇指上，刮子锋利的一面接触胶质皮，另一只手拉麻，麻皮就去掉了。当然，原始而节奏慢的还有用菜刀刮的，弄块旧布垫在大腿上，麻皮朝上刀口朝下，另一只手配合一拉，麻皮就脱落了。这样的方式一个人一天也只能刮四五公斤干麻，还得起早摸黑。速度快一点的，就是旌德人用的铁制打麻器，往地上一架，把割下来的麻秆两根直接架在刀架上一拉，麻皮麻秆就分离开了。这种剥皮方式比前面几种效率都高，一天能打7公斤干麻。潘家基本上用这种方式收麻，天气好带上竹叉、竹竿往地里一架，一边剥一边晒，一两天就剥完了。

潘万年说，过去麻多的时候，两个儿子那时候都帮忙打麻。现在孩子们在外打工，对种麻刮麻都没有兴趣了。自己打麻忙不过来时就请邻居帮忙，许翠英就是自己请来帮忙的。

只要苎麻纺纱织布存在，苎麻的种植就会延续，但剥麻的方式会不断创新。老的剥麻方式，真的就只有存在记忆中这一种方式吗？

文/方光华　摄影/江建兴

养蜂

在田野，在山间，在路上，在庭院，有这样一群人，他们的生活充满着诗情画意，他们一生都在追逐花期，他们到达的地方总是花开满地、蜂飞蜜香。

他们就是养蜂人。

遇到养蜂人喻社林完全出乎意料，在仕川村采访完腌小蒜，我们为看老民居走进了一家小院。进了院子才发现院南摆着一排蜂箱，一些蜜蜂在院内飞进飞出。东边老屋堂前，一位老人戴着帽子正在处理手上的巢片，房东厢房里堆着高高的旧蜂箱。我们上前打过招呼，问师傅手里干的是什么活？他回答说在处理巢片里的蜂王。

采访的话题，就从老人为何养蜂开始。

老人叫喻社林，今年76岁。从28岁开始养蜂，就是因为喜欢，最初买了10箱蜜蜂，放在家里发展了两三年。以后和邻村的养蜂人拼车拉蜂，外出采蜜，成了职业养蜂人。

喻社林和同伴第一次出门带了100多箱蜜蜂，先去皖北、苏北等地，那里的油菜花多，前后采个把月。然后转场去山东采洋槐花，一般换三四个地方，到9月份回仕川。放蜂人在哪，家就在哪，风餐露宿。

有了第一次放蜂经验，后来的30多年里，喻社林每年3月中旬出门，大半年的时间奔波在大江南北，去的最多的地方是山东和东北。如果去东北，那么就要到11月份以后才能到家了，东北的荆条花、椴树花是上等蜜源。

说到蜂蜜品质，喻社林说上半年的蜂蜜味道比下半年好，因为上半年油菜花花源丰富，油菜花蜜是好蜜。论香味，樱花蜜、洋槐蜜最好。蜜蜂采蜜和天气有很大关系，如果雨水多，花的水分多，蜜蜂就不愿采了。天气好的话，两至三天，就可以割一次蜂蜜。

随着养蜂技术的成熟，喻社林的蜜蜂逐渐增多，由最初的10来箱发展到高峰期的200多箱。养蜂除了辛苦，有时候也会遇到危险。有一年，喻社林带着蜜蜂去东北，装火车皮前，工作人员要求用纱布遮盖蜂箱蜜蜂进出口，装上车箱后必须把遮盖蜂箱的纱布扯掉，否则会把蜜蜂闷死。结果扯纱布时，那些受了刺激的蜜蜂不断地叮咬喻社林，很短时间，喻社林身上几十处被蜇伤，导致其晕倒。

对养蜂人来说，每一次出发都是苦中有乐。他们像候鸟一般不停地迁徙，追逐着一程又一程的芬芳，花是蜂采，蜜为蜂酿。鲜花盛开的地方，就是养蜂人的一个个目的地。这些美丽的地方，大多远离人居，有时水电全无，生活的艰辛可想而知。他们按着油菜、枣树、槐树、荆条、椴树、桂花等蜜源植物花期，四处追逐，在不

△ 摆在院子里的蜂箱

△ 处理巢片

养蜂 · 229

同的场地间辗转。为了不让蜜蜂离巢走失，养蜂人通常要带蜜蜂和蜂箱，颠簸行进在午夜之中。

几十成百的蜂箱是养蜂人必不可少的家当，迁徙过程中需把蜂箱从车上搬上搬下，特别辛苦。刚到一个新地方，人生地不熟，喻社林夫妇总是自己搬。开车的师傅不会帮忙，因为怕被蜂蜇了，赶不了路。喻社林说转场的时候，人处熟了，才能找到人帮忙。

随着年龄的增长，体力渐渐不支，加上外出费用的增加，60岁以后的喻社林基本上不外出养蜂了，只留下20来箱在家里侍弄。每天清理巢片、取蜜或是喂白糖也得忙活小半天。

目前，蜂蜜价格为50元/公斤，蜂王浆200元/公斤，很多年喻社林都是一个价，一年收入万元左右。喻社林家的蜂蜜很好卖，采访当天就有城里人慕名而来，说他们家蜂蜜质量好，从不掺假。喻社林传授给我们一个识别真假蜂蜜的小常识，把蜂蜜放在冰箱里冷藏，拿出来用筷子搅拌，纯正的蜂蜜是可以搅拌得动的，反之就是掺了白糖。

对喻社林来说，现在收入不是主要的，养了近50年蜂，过去养蜂是谋生手段，现在是干了一辈子的手艺不舍得丢下，还有一点就是蜜蜂已经成为自己的好伙伴。

仕川村地处偏远，在村里生活的基本上都是老年人，人口稀少，村子里安静得像个世外桃源。喻社林每天早上起来围着蜂箱干这干那，和蜜蜂拉着家常，日子过得简单而快乐。

文/姚小俊　摄影/姚小俊

木炭烧制

山里的冬天，温度比山外低了三四度，但凫阳村村民储金照却是满头大汗。吃完早饭，他就和村民储金彪、周本华一起来开窑了。他们原都是乌岭沟村民组村民，前些年因地质灾害点搬迁，搬到村里乌岭脚片居住了。

烧炭，是乌岭沟人整个冬天的工作。乌岭沟因为没有水田，村民的经济收入主要来自茶叶和木炭。几乎每家都有几十亩、上百亩的茶园和山场。上半年采茶卖茶，下半年烧炭卖炭，这就是乌岭沟人日常生活的写照。

烧炭，第一步是建窑。选定一个交通比较便利，取土比较方便的地方，一般会选择山脚下的路边。土大都是黄泥土，必须含有一定比例的沙。沙在建窑的过程中，相当于钢筋，但比例不能太高，不能超过总土量的三分之一。

窑址选定后，开始平整土地，把泥土慢慢堆砌，一边堆土，一边用木棍锤土，保证堆砌的泥土结实不坍塌。堆砌的过程中，需用

△ 出窑

毛竹围圈定模，将土稳定形状，慢慢形成一个伞状。建窑时需根据风向，在窑的前后左右各留一些气孔，充当小烟囱，方便进气和排气。气孔在烧炭时能阻断一些空气，又能保持一些空气的流通。建窑技艺相当专业，不过，乌岭沟人祖祖辈辈烧炭，传承至今，一切都变得简单了。

窑建好后，接着是装窑。根据窑的形状，将切割成长短不一的木材，整齐摆立在窑洞里。这项工作，一般需两个人协作完成。一个人在窑洞里摆放木材，一个人在窑洞外给里面的人递木材。烧炭的木材是有讲究的，以木质较硬的杂木为佳。

装窑结束后，就可以点火了。建窑的时候，乌岭沟人会在窑的一侧留一个火门点，也有人习惯在窑门口点火，没有统一标准，完全凭个人习惯。点火后，紧接着就是封闭窑门。烧炭之初，所有的气孔都是打开的，每隔3~5个小时，要观察一下火势，火势蔓延到的地方，气孔就需要用砖块盖住，否则木材会被整个燃烧掉。到了夜间，不方便随时查看火势，通常情况下，烧窑人会在留孔处用一根小木棍将砖块支撑，一旦火势烧到留孔处，木棍被烧断，砖块自然封闭气孔。

等到所有的气孔全部关闭，从气孔中冒出来的烟冲得很高了，烟尾为蓝色时，基本就可以开窑了。一般从封窑到开窑，需3~4天时间。乌岭沟人的炭窑，规模不是很大，基本上一窑木材在老师傅手上，大约能出350公斤左右的炭，400多公斤木材烧100公斤炭。

乌岭沟人的冬天是忙碌的，凫阳村村民的冬天也是忙碌的。木炭业发展的鼎盛期，一个新的行业应运而生。挑炭工，是凫阳村民的一个新职业。村民们天不亮就出发前往乌岭沟，脚力好的，一天可以挑两趟。上七里下八里，天黑打电筒出门，晚上打电筒回家。虽然很辛苦，一天也能挣两个小工的费用。还有部分村民做起了木炭生意，除了冬天，平日里不忙时，也会去挑炭，放在家中，等到冬季，家里安排人在城里摆摊位卖炭。因为木炭，也曾让一部分村民富了起来。

木炭对于乌岭沟人来说，不仅仅是经济来源，也是生活必需品。乌岭沟的茶很有名气，一方面是因为优良的地理环境，茶的品质好。另一方面是因为乌岭沟的茶都是用木炭烘制而成。传统的手工艺制作，保留了茶的原汁原味，轻尝一口，唇齿留香。这里的每户人家，

△ 出窑

△ 包装外运

一年都会留三四百公斤木炭，用于制茶。因此，烧炭成了乌岭沟人必须要做的事。

现在的乌岭沟人，已基本迁居到凫阳村地质灾害点安置区，宽敞的房屋里虽然也摆放着电火盆，但乌岭沟人还是习惯用炭取暖，用他们的话说：木炭的温暖具有持续性，更适合冬天。

外面开始飘着小雨，满头大汗的储金照还在窑里不停地向周本华传递新烧制的木炭，储金彪在锯着木材，这窑开完了，新的一窑又要开始了……

文/姚小俊　摄影/朱学文

有机白茶种植

说到有机白茶种植，旌德县喝茶的人首先想到的是国鹰公司的"寒山七根"。

2015年旌德高铁通车，候车大厅那副云雾缭绕的茶山风光摄影就是"寒山七根"茶园，让无数人眼球为之一亮。

"寒山七根"茶山，与黄山同属一脉。茶山坡度约六七十度，海拔800米左右。山上长年云雾缭绕，泉水叮咚。茶山土大都是风化的花岗岩土，正如《茶经》所言，此山此土最宜于茶。这片茶园，原是卢小国经营的山场，杉木砍伐以后辟为茶园。辟茶园的时候，卢小国特意留下了一些枫树、桂花、杜鹃，还种植了少量山核桃。卢小国的蓝图，就是种一片与众不同的茶园。他不图大，就种200亩，但要求好。好环境，好土，还得有好苗，这些都是种

好茶的先决条件。之后，卢小国从安吉引进优质白茶苗百万株。

卢小国种茶有自己的思路，在茶叶品牌林立的当下，要种出有特色的好茶，必须另辟蹊径。卢小国首先想到的是茶叶的生长环境，虽然茶园周围林木葱郁，但他还是觉得不理想，他一向喜欢兰花，就琢磨着在茶园里种兰草。于是，请人挖加收购，茶园里外栽了上万棵。为防止夏日曝晒，他还为兰草一一搭起小遮阳棚；为避免茶

▽ 云雾缭绕的寒山七根茶园

△ 采茶

园除草时伤害兰草,每棵兰草均系上红绳子等明显标志。小小兰花一项,卢小国就花了十来万,想想这样的痴茶人,实在是不多。

　　茶园环境幽美,这都是外表。云雾、森林、花香都会影响茶叶品质,但卢小国觉得还不够。他和大多数茶人的做法迥然不同,卢小国选择的是传统农耕之法。简单地说,就是不打除草剂,不施化肥,不打农药。这"三不",把卢小国的种茶成本一下提高了不少。肥料用菜籽饼、茶籽饼,每亩100公斤,一年2万公斤的量,光是施肥运力就不少;春茶采摘完成之后一遍人工修剪,大概在4月18日前;人工除草,5月、7月、9月各一次,请的劳动力就更多。治虫,采用黏虫板。这样一来,卢小国的茶棵明显比别人的茶园长得慢,茶叶瘦小,产量低。但卢小国,是旌德白茶唯一一个拿有机证书的。

卢小国茶园位于白地镇洋川村，公司用工立足于所在村镇农户。每年春季采茶，公司采茶工八九十人，采茶工从白地镇辐射到庙首镇和孙村镇，"寒山七根"的采茶标准，是质量至上，严格按标准采摘，工资不以斤量计算，而是以日计算，那些足不出户的妇女每天也可获得百余元的劳动报酬。每年茶园除草、修剪，基本固定在洋川村10余农户。一年支付农户工资就达50余万元。

卢小国给自己生产的茶叶取了个韵味十足的名字："寒山七根"。禅茶一味，从这名上就可以感觉出来。卢小国对"寒山七根"的解释很通俗：寒山，就是高山、阴山，高山阴山出好茶；七根，就是让喝茶的人通过眼、耳、鼻、舌、身、意感官体察最后抵达灵魂。"寒山七根"这一个好名，支撑它的首先是茶园外在的自然环境，其次是传统农耕种植法的坚守。种茶十余年，卢小国一直在坚守，园内道路依然是石子路；肥料一直采用腐熟的菜籽饼；除草一直用人工；治虫依然是生物之法。这一切，没有部门监督，全靠种茶人的坚守。有机证书，只是一张纸，但这张纸后面的用心，却是大多数种茶人不具备的苦心。

"寒山七根"采摘时间大致在清明前一周，清明后十天，采一叶一芽。对于采茶工，卢小国不计斤两，按天计酬，下雨不采，确保采摘质量。有斑点的茶叶，焦尖的叶芽，一律不加工。春季多雨，运茶下山，卢小国就把茶叶放进皮卡车里面。卢小国的茶叶加工车间干净有序。茶叶晾摊在竹帘上，杀青用气或用电，烘干用柴。第

△ 卢小国（图左）指导采茶工采茶

一年制茶，卢小国让当兵复员的儿子跟着师傅学，并说："大胆炒，炒得不好倒掉就是了，成品一定要讲质量。"哪一垄山采的鲜叶，哪天采的，谁采的，卢小国一一做记录。这样能准确知道，每块地的茶品质量。开园第三年才采120多公斤，虽然价格在1000元至3000元之间，算起来还要亏不少钱。新客户买茶，卢小国总是劝人家买一二两，喝喝看。好，再多买。显然，卢小国是有信心的。一路走来，市场证明卢小国种出了旌德最好的茶。

卢小国不仅细心管理茶山，对茶厂营造同样上心。他很想把那片天地打造成一个制茶、品茶的好地方。卢小国的茶叶加工厂在通往黄山的国道边，又是旌歙古道的入口，交通方便，环境清幽。他边琢磨边建设，大致建成了徽派风格的样子。从公司大门到制茶车间、品茶室，都让人感觉到"寒山七根"的非同凡响。

2015年,"寒山七根"经杭州中农质量认证有限公司鉴定为有机产品。2016年,"寒山七根"获安徽省首届"气候好产品"称号;2018年,"寒山七根"获第十二届中国国际有机食品博览会金奖;2020年,"寒山七根"获第十三届中国义乌国际森林产品博览会金奖;2021年,"寒山七根"获第五届上海国际农产品博览会金奖。2020年,国鹰公司获安徽省商标品牌示范企业荣誉称号。

去年,卢小国当选为旌德县茶叶协会会长,为配合旌德县打造"天山真香"茶叶公共品牌,精心策划建起了全市最好的茶叶展示中心,在茶叶协会领头人的位置上,卢小国同样有着自己的想法……

文/方光华　摄影/江建兴

灵芝盆景

旌德的每一座山,都有一个神奇的故事;旌德的每一条溪,都弹奏着一个美丽的传说。

传说禅宗六祖慧能大师,夜里梦见佛祖坐在他的身旁说:峨眉山上有一株灵芝草,你若能把它采回来,栽在一块宝地上,这地一定年年风调雨顺、丰衣足食、人畜兴旺。后来,慧能大师历经千难万险,找到了那株灵芝草,却不知栽于何处。一日,他云游至黄山余脉的旌德,发现这里山峰染黛,清泉萦绕,云蒸霞蔚,古树森然,心中的主意就定下了。灵芝就这样与旌德结下不解之缘。

旌德县位于黄山东麓,北纬30度线上。山区均是海拔600~1000米的中山,千岩竞秀,万壑争流,加上雨量充沛,云雾多、阴凉湿润的气候特点特别适合灵芝生长。

到旌德经济园区黄山云乐灵芝公司采访是4月上旬,年轻帅气地总经理周俊介绍说,灵芝属恒温、中高温型菌类,最适宜生长的温度是26℃~28℃,每年3、4月份为最佳种植期。灵芝种植分袋栽和椴木栽两种。

周俊大学学的是食品科学,已有10来年灵芝从业经验,说起灵芝来自然头头是道。

《本草纲目》上说:"芝乃腐朽余气所生。"作为一种菌类,灵芝不像绿色植物那样通过光合作用摄取营养,而是依靠分解植物的营养赖以生存。温暖湿润、山峦叠翠的旌德山区自然成了灵芝繁衍的乐园。

旌德山林中经常能找到野生灵芝。它们大多生长在峻峭山崖间参天古树的根部或腐烂的干基上,或单株傲立,或三五成丛,相互依偎,状如小伞,玲珑别致,形如蘑菇,耀眼夺目。灵芝菌盖油亮,呈半圆形或近肾形,颜色有紫、红、黄、黑等,菌柄浑然一色,晶

△ 生长中的盆景灵芝

灵芝盆景 · 243

莹闪亮。灵芝成熟时会放出大量粉孢,借风力传播,于林海安家。孢子会在春夏温暖湿润的环境中萌芽,随之长出菌丝体伸入树皮内定植,待菌丝体大量生长后,又形成第二代灵芝,如此周而复始。

黄山灵芝公司的创始人张正高,20世纪90年代就致力于人工培育灵芝,利用间伐淘汰的薪柴和枝丫材、木材加工厂的边角料、锯木屑为原料,仿野生培育灵芝,并仿野生灵芝生长环境,探索出林下种养的一整套方法。

公司在云乐镇后村租了5000亩山场,在密林中种植仿野生灵芝。基地山峦连着山峦,溪水连着溪水,森林覆盖率达90%以上,晴天早晚遍地雾,阴雨整天满山云。森林中具备良好的通风环境,光线昏暗又不失充足的漫射光,空气湿度大,这种环境最有利于灵

△ 灵芝种植日常管理

芝生长。林下仿野生种植灵芝，同样需轮休轮种，这样既提升灵芝品质又保养地力。

灵芝初长时，如林中生长了亿万只灵巧的小耳朵，十分可爱；灵芝成熟时，一株株蘑菇上布满了厚厚的孢子粉，像待产的孕妇把所有的喜悦都写在脸上。

黄山云乐灵芝公司研究推广出收集高产、高纯净灵芝孢子粉的科技方法，采用"全生长期大通风培育收集""物理分离法"加工高品质孢子粉。在灵芝种养和加工上，公司先后获得10多项国家专利，培育灵芝盆景是其发明专利之一。

灵芝盆景种植虽说和普通灵芝种植相似，但培养基比普通食用灵芝要厚实。培育灵芝盆景的品种通常是黄芝和赤芝。灵芝是一种真菌生物，模样有点似肾形，菌柄不像蘑菇那样撑在中央，而是长在菌伞侧旁。菌柄生长过程中，需要固定塑料模具，以引导灵芝根据盆景的模样生长。培育过程中，需要对湿度、光线等因素进行人为调控，使灵芝菌盖长出各种形态。灵芝盆景的枝干在模具中生长，形态是固定的，依靠调节生长环境让菌盖自然生长，有点像画家在宣纸上作画，是人工和天意的合作品。

长出的灵芝盆景，有的像迎客松，有的像祥云，有的似丛林；有的温驯，有的苍劲，有的旁逸斜出，仪态万千。

周俊介绍说，人工制作的灵芝盆景是利用灵芝个体进行拼接胶粘的，和自然培育的灵芝盆景迥然不同。一个生硬，一个有生气。

△ 生长中的盆景灵芝

灵芝盆景培育成功后，还要进行防腐、防尘处理，再根据不同的个体选择合适的花盆予以定型。灵芝盆景有大有小，价格从几百元到上万元不等。

灵芝是瑞草，象征吉祥、健康。灵芝盆景一问世，就受到人们的喜爱，成为居室或办公场所的高雅艺术品。

△ 灵芝盆景

△ 基本成型的盆景灵芝

我们问，灵芝盆景日常怎样保养？周俊说，用干刷子把上面的灰尘经常刷刷就行了。

周俊幽默地说："灵芝盆景是种出来的艺术。艺术是供人欣赏的，这个群体不大，我们的产量一年也就是一千来盆。公司绝大多数灵芝，都是药准字号、卫食健字号灵芝产品的原料。"

现代医学证明，灵芝含有多种生理活性物质，能扶正固本，增强免疫功能，提高机体抵抗力，在整体上调节人体机能平衡，促使内脏或器官机能正常化，对神经衰弱等有协同治疗作用，还具有抗疲劳、美容、养肝、延缓衰老等功效。旌德灵芝系列产品已衍生至数十种。"旌德灵芝"以品牌价值10.81亿元，荣登"2021中国品牌价值评价区域品牌（地理标志）"榜单。

文/方光华　摄影/江建兴等

打棍求雨

4月中旬的一个下午，我们在版书镇隐龙村村委会见到了"打棍求雨"省级非遗技艺传承人之一方光亮。另一名传承人方小华到田里干活去了。

事先已经电话联系，落座之后，我们就开始聊"打棍求雨"的话题。

隐龙村方姓旧时是旌德望族，方光亮说现在村里900多人，方姓仍然占大多数。"打棍求雨"在村子里代代相传好几百年了。

旌德山田多，经常出现旱情，向龙王求雨成了一项普遍的农俗。求雨通常分"都"（明、清时行政区划，相当于今天的"乡"）进行，各"都"求雨方式有所不同，大体分文求和武求两种。文求时求雨者彬彬有礼，三步一拜，五步一跪，认为这样求雨才能感动龙王。武求则是大声呼喊，言词粗犷，夹杂武打动作。隐龙"打棍求雨"，就是武求。

方光亮介绍说，过去不叫"打棍求雨"，通俗叫：西山插旗，隐龙求雨。

为祈求甘霖，在龙王山顶建有求雨坛，坛内是石头砌成的龙潭，有清泉渗出。每遇天旱求雨先到龙潭，用特制的葫芦取水祭神。求雨前三天禁宰吃素，然后到西山顶去插红旗，不见旗不得进城示威游行。求雨队伍每家派一人参加，拿画着龙的旗，所有人家摆供品祭物，而后高呼："龙王开恩降雨，龙王开恩降雨！"反复吟唱。神位前摆放着干枯的稻草，表示旱灾严重。7天后仍不下雨，方家就选108名身强力壮的小伙子，抬着神桌，桌前是拿着棉纸旗、钢叉、镜、大锣、大鼓的游行队伍，一路呐喊着前进。小伙子们每人手持一根7尺长的柏木棍，双双持棍对打，名叫"打七拐"，由南门城外一直打到北门城外。当对打的人进入城内，守门者迅速将城门关上。

△ 打棍求雨表演

△ 长龙戏水

这时,壮汉们拥进县衙,簇拥着县太爷,并强行给他戴上杨柳枝编的叶箍帽,令其着麻衣、穿草鞋。县太爷是一脸害怕的神色,恭恭敬敬地给众人抬出来的神像跪拜。此时,县太爷早就失去了往日的威严,只有遵照来人指使行动。还有人三言两语地讥讽说:"你的德行不好,至少祖上无德……"县太爷在声势浩大的队伍面前,不敢有不满的表情,并需接受求雨农民减免当年皇粮的请求。这时,就有都董出来解围,制止对县太爷过分不敬。一边还有道士登台诵经,并在神桌前跪拜念叨一番,这样求雨才算结束。清代隐龙人方维翰写有一首《求雨竹枝词》:"求雨村农太无情,公庭持杖长官梃。归来七拐争殴状,要迫天公大雨倾。"

方光亮说"打棍求雨",隐龙还有一个民间版本。说是某年大旱,两个牧童在村南梅王尖放牛,因草木枯死,牛无草吃,两人便

△ 对打

各砍了一根柏树棍，敲打地面以消愁。随着棍打地面的噼啪声，梅王尖山顶飘起了乌云，牧童见状，敲打得更加起劲。乌云越聚越多，不一会便下起了大雨，解除了旱灾。以后凡遇天旱，隐龙村便打柏棍求雨，渐渐演变成一套有动作、有节奏、有造型的打法，并伴以鼓钹伴奏，气氛热烈。

"打棍求雨"全套打法分八拍，第一拍原地左转半个圈，与对打人面对面，将棍子往地面一跺，同时高吼"嘿！"第二拍至第八拍，每拍两脚同时跳一次，一人跳进，一人跳退，棍子互打一下。每拍一个姿势，八拍完毕，又从头开始，如此反复。排列长队相互跳打，如"长龙戏水"；围成一圈互打，似"单珠引龙"；变成两圈互打，意为"双珠引龙"，以示引来龙王降喜雨。求雨成功，隐龙村民就把求雨棍留着做秒梃，以示风调雨顺。

今年62岁的方光亮说，他和方小华是跟凌梦生和方德清两位老人学的求雨。2017年，"打棍求雨"获批安徽省非物质文化遗产项目。现在是16个人参与表演，1人打鼓，1人打钹，村委会里的男干部都会。说完这些，方光亮喊在村部上班的方晓君（35岁）到门口空地上，给我们演示了一段打棍求雨。

方晓君是2020年到村委会上班后才学的。他说，村里年轻人少，传承非遗村干部自然要带头学。逢年过节，"打棍求雨"都要参加县里的民俗展演活动。今年3月份，他和方小华还到镇里的小学给孩子们讲"打棍求雨"的传说故事，并在学校里演示，小学生们很感兴趣。他表示，非遗进校园是很好的传承方式，村里以后每年坚持去一次，让孩子们从小就了解家乡的传统文化。

文/方光华　摄影/方立东

锣鼓队

初夏的雨温润、清爽、饱含生机，雨中的俞村镇凫阳村像是时光机中播放的老电影，朦胧中散发着醇香。凫阳的清晨是从雪溪河畔姚承懿那首二胡曲中开始的。和往常一样，凫阳锣鼓队的队员们早早就约好，吃完早饭集中去村活动室排练。

今年74岁的姚承懿虽然近年来身体不太好，但他坚持每次排练都参加。手中的二胡早已成为他生命的一部分，每天都要去拉上一拉，才觉得这一天过得充实。悠长的二胡声，伴着细雨和微风在凫阳村的上空漂浮流荡。

这个村爱好文艺的历史要上溯到新中国成立前，老人们回忆说，那时请有一位绩溪的职业戏曲演员在村里传艺。20世纪60年代开始组建文艺宣传队，队员有40多名，乐器一样不缺，还有专门演绎京剧和黄梅戏的队员，整支队伍人才、道具齐全。那时文艺宣传队经常拉着板车，一边赶路一边高歌，热热闹闹地去全县各个地方演出。只要提起凫阳村的宣传队，全县无人不知，无人不晓。特别是锣鼓，

△ 排练

更是全县一绝。

姚承懿是在16岁的时候开始学二胡的。当时，村里的年轻人白天在生产队劳作，晚上吃完饭就早早地去村里的大队部学乐器或唱戏。姚承懿说当时学习也没人教，大家晚上集中排练既是提高技艺，也是娱乐。那个年代没有其他娱乐形式，现在想来那就是最好的娱乐。

姚承懿家里条件不是很好，学二胡时，每次都是向宣传队里的队员借。他不识谱，调子是根据中国传统宫、商、角、徵、羽五声音阶一点一点摸索记忆而来。18岁那年，他有了生命中第一把二胡。说起那段往事，姚承懿记忆犹新。当时家中弟兄4个，大哥是家中唯一的大学生，毕业以后分配到泾县工作。那年大哥去南京出差，知道他酷爱二胡，虽然自己的工资并不高，但还是花了7块多钱给姚承懿买了把二胡。姚承懿拿到二胡的那一刻激动不已。从那以后,他一有空就练习,这么多年,从未间断。后来,弟弟姚承杨受他影响,也学习了吹唢呐和吹笛子,还承担了宣传队演出京剧《沙家浜》中的主角,经常和哥哥一起到全县各地演出。

和姚承懿同一时间段学习乐器的还有村民鲍安祥和汪金财,他们分别学的是唢呐和笛子。陪伴他们青葱岁月的是鼓乐齐鸣。直到今天,说起那段一起学艺、一起演出的往事,老人们眼里和脸上都是满满的笑容。

凫阳文艺宣传队每次演出热场的节目都是锣鼓,俗称"闹台",这个节目是宣传队名气最大的节目。一般由6人组成:板鼓、堂鼓、大小锣鼓、大小钹。这个节目除了用于暖场,在很多场合还另有含

△ 排练

义。村里的红白喜事，锣鼓声一响，就是告诉大家赶快集中起来，下一个活动要开始了，比如更衣、入殓、出殡等。大家听锣鼓声根据各自的分工做事。以前的大户人家，办红白喜事都是请两套班子。锣鼓喧天，一方面是显示家族兴旺，还有就是热闹。一直以来，锣鼓和其他乐器不一样，锣鼓都是村里拿钱购买，这是村民办红白喜事的必需品。

80年代初，随着时代变迁，村里的文艺宣传队慢慢解散了。但队员们还坚持着自己的爱好，年纪大的逐渐离开了历史舞台。80年代中期，姚承懿、鲍安祥、汪金财、姚承杨等人组建了凫阳锣鼓队，他们也由从前的学员逐渐成长为主力军。

村里谁家有红白喜事，都会请上他们。那时都是无偿帮忙，东家一般会给几包烟和一条毛巾作为感谢，他们也从不计较。许多外村大户人家也会来邀请他们，以能请到凫阳锣鼓队为荣。直到今天，凫阳村的锣鼓队依然名声响当当。

20世纪末，西洋乐器开始在农村流行，传统乐器受到冲击。凫阳村的老艺人们仍然守护着自己心中的那份信仰，相信中国的土地上，传统的东西一定能老根发新芽。渐渐地西洋乐器由最初的风靡一时到平淡无奇，老艺人的锣鼓和唢呐声还是那样响亮。

今年59岁的汪辉从小受老艺人们的熏陶，他大伯曾是文艺宣传队的灵魂人物，多才多艺，不仅乐器样样精通，还创作了很多脍炙人口的快板。2019年初，汪辉看着老艺人们年纪越来越大，村里的年轻人基本已外出务工，手艺传承后继无人，于是他和42岁的村民巫志华、54岁的村民张曙华等一起加入了学艺的队伍。他们每天在家练习，每周固定时间和老艺人一块排练，村里的红白喜事，他们也和老艺人们一同参加。用他们自己的话说，凫阳村的这支队伍不能散，凫阳锣鼓队这块响亮的牌子不能丢。

雨还在下，凫阳的锣鼓队还在继续排练，各种乐器伴着雨声，让这个夏天变得格外热情、奔放。

文／姚小俊　摄影／朱学文　杨国宏

后记

想记录一下旌德的非遗文化和手艺人，是我们多年的愿望。做这样一项工作当然是越早越好，真正做起来却是一个艰辛的过程。

10年前我就爬梳过旌德县级以上非遗技艺项目，采访宣传过古法油烟墨、宣砚、古艺印泥、旌德漆画等传统技艺，给版书木活字印刷体验馆和曾经的县非遗展示中心做过展陈，对从事非遗技艺的艺术家们心存敬意，也曾萌发过组织调研旌德民间手工艺的念头，由于各种原因始终停留在计划当中。

4年前，当我在"撄宁"微信上发现"凫阳味道"那些记录手工艺的文章后，觉得这是个热爱乡土文化的有心人。偶然的机会我和微信主人姚小俊女士谈到调查记录旌德民间手工艺的事，她表现出极大的兴趣。当时，我想让她和一些志同道合的年轻人去做这件事，我来策划编辑。计划了3年，没有实质性进展。

2022年底，我在谋划来年文史工作的时候，再次想到编写《守艺旌德》一书，和姚小俊女士旧事重提，她依然信心满满。随即，我们就开始了为期一年多的田野调查和撰稿工作。

寻访手艺人的过程，我们一直被感动。从年少到年老，从谋生到习惯，从一个人到整个村庄，从传统到创新，人生百态，市井烟火，浓浓乡愁，寻访中我们看到了在旌德这片土地上，手艺如何生根、如何发芽、如何枝繁叶茂。看到了农耕时代手艺人如何发挥创造力，方便人们的生产生活，给特定时代留下手艺的体温。调查中我们常常慨叹：手艺人了不起！

一个人60多年从事一个职业，年复一年，日复一日，直到白发苍苍，还能保持对一种职业的热爱；家族三代选择为一个行业坚守，直到杖朝之年，还在担心行业后继无人，这是怎样的一种情怀？整整一年，我们始终被这种情感包裹着，除了感动，还是感动。我们走遍了全县10个乡镇，有些采访很顺利，也有些采访并不成功，不成功是因为一些手艺退出了历史舞台，让我们欲访无人。我们尽量把每种手艺的制作流程、工艺细节、历史源流及工匠艺人的所思所想记录下来，把手艺人生存的背景描述下来，把手艺和手艺人的故事告诉社会。手艺和人一样是有生命、有温度、有情感的，因工业化和城镇化的普及，很多手艺正渐渐地从我们的视线里消失，这是无法挽回的事实，也是我们心中永远的痛。

我们想通过《守艺旌德》将一些原汁原味的手艺和特定时代的生活展现给大家。在我们看来，这是项抢救性的工作。我们所做的45份调查，虽然不够完整，但它从一定程度上触及了旌德农村、城镇的生活史、经济史和文化史，希望通过这样的记录能够吸引外来力量，有选择地保育传统手艺，激活再生传统手工业。

当我们完成《守艺旌德》书稿的时候，觉得自己做了一件很有意义的事，将特定年代的手艺人，那一双双结满老茧的手封存，让最普通的手艺人进入了正史之外的传播渠道。希望有更多的人因为这本书去关心、关注身边的手工艺和非遗文化，让旌德的能工巧匠变得更自信风流，让生活在这里的人们更加了解这片土地上的手艺文化。

"守艺旌德"的路很长，也很艰难，相信有信念支撑的人一定能走得远！

方光华

2024 年 4 月 20 日